三岁看大

——杨健教授谈婴幼儿早期教育

杨　健　著

GUANGXI NORMAL UNIVERSITY PRESS
广西师范大学出版社
·桂林·

图书在版编目（CIP）数据

三岁看大：杨健教授谈婴幼儿早期教育 / 杨健著.
桂林：广西师范大学出版社，2014.1（2017.12 重印）
ISBN 978-7-5495-4606-0

Ⅰ. ①三… Ⅱ. ①杨… Ⅲ. ①婴幼儿－早期教育－手册 Ⅳ. ①G61-62

中国版本图书馆 CIP 数据核字（2013）第 267969 号

广西师范大学出版社出版发行
（广西桂林市五里店路 9 号 邮政编码：541004
网址：http://www.bbtpress.com）
出版人：张艺兵
全国新华书店经销
衡阳顺地印务有限公司印刷
（湖南省衡阳市雁峰区园艺村 9 号 邮政编码：421008）
开本：787mm × 1 092 mm 1/16
印张：13 字数：170 千字
2014 年 1 月第 1 版 2017 年 12 月第 6 次印刷
印数：28 001~31 000 册 定价：28.00 元

目　录

CONTENTS

前　言

什么是早期教育？

早期教育从时间上讲，应是指对0—6岁，也就是上小学以前的孩子的教育。

但早期教育不仅仅是个时间概念的问题，它还有特定的理论含义。

要讲好这个问题，我们先看看传统的教育观念。以前的国人以为孩子就是“缩小的大人”，根本认识不到儿童自有特殊的地方，比如特殊的认知能力。我们看过许多以民国时期以前的历朝历代为背景的电视剧、电影，那里面儿童的穿着和成人并无大的差别，因为那时并没有为他们量身打造的童装。当时，在大人看来，小孩是自然而然地长大成人。与此有关的教育理念在新中国成立前叫“发蒙”，指的是孩子上学后才开始接受教育。孩子入学了，于是家长就会跟他的邻居说孩子开始受教育了。

直到现在，对于给婴幼儿进行科学的早期教育，很多人还认为是无稽之谈：孩子太小，啥也不懂，大人只要管好他的吃喝拉撒睡，到了3岁上一个好幼儿园，让他快乐就行了，至于受教育，那是以后的事情。

在这种观念的影响下,几千年来,0—6岁孩子的宝贵时间,就像长江的流水一样流淌下去,一淌就是六年,家长毫不珍惜。

现在社会发展了,竞争激烈了,又出现了另一种情况:为了不让孩子输在起跑线上,很多家长不顾孩子兴趣、个性等过早开始定向培养教育。孩子上了小学,家庭、社会、学校一齐上,向这个小不点儿要学习成绩,要学习质量,有的甚至软硬兼施。孩子承受了很大的压力。我们常常在报刊上看到一些因逼迫孩子学习而造成的悲剧。

我们今天说的0岁开始的早期教育,不是上面所说的那样,而是"充分利用0—6岁的孩子大脑急剧增长、大脑半球急剧分化的有利时机,挖掘孩子的潜在能力,促使孩子早慧,同时养成良好的习惯和性格品质"。

说到婴幼儿的潜能,我们先看婴幼儿大脑发育的情况。自然界从单细胞生命体发展、进化到出现地球最复杂、最高级的物质——人的大脑,大约经历了38.6亿年;而人类从动物祖先进化到现代人,也经历了近100万年;而我们的孩子由两个单细胞形成的胚胎,在短短的9个月,却走完上述漫漫长路,他的大脑潜藏着人类历代遗传至今的几乎全部智能机制,这是何等生命的奇迹!每个婴儿的潜能都大得惊人,而早期教育就像帮孩子建立一个智能银行一样,将经验储存在他们的大脑里,以后他们的学习将会更容易。智力开发愈早愈好,抓住脑发育的最佳时期进行早期教育,必能取得较好的效果。

让我们进一步看看婴幼儿中枢神经系统的发育特点。

神经系统的发育是小儿心理发育的基础,胎儿期神经发育最早,尤其是脑发育最为迅速。胚胎形成的头三四周,首先形成的就是神经管。六七个月的胎儿,脑的基本结构已经具备,皮层已经全部形成，神经细胞通过有丝分裂而迅速生长，每分钟增加25万个脑细胞，脑表面的沟回开始出现。专门的神经组织还未发育完善，大脑皮层较薄，细胞分化较差，而中脑、桥脑、延脑、脊髓发育已较好，可保证生命中枢的功能。由于脑神经细胞比较小，结构简单，树突少而短，大部分神经纤维尚未髓鞘化。所以出生后，脑重增加的主要原因之一就是神经细胞体积增大和树突的增多和加长，而不是脑细胞数目的增加，另一主要原因是神经髓鞘化的形成发育，它们通过神经元之间的信息传递来起作用。出生时大脑皮质下中枢如丘脑、下丘脑、苍白球系统比较成熟，故出生时的活动主要由皮质下系统调节。3岁时神经细胞已基本分化完成，4岁完成神经髓鞘化，7岁左右接近成人，故科学界有“脑先成熟论”的说法。

人类这种“早产现象”使得我们的婴儿具有惊人的能力去适应所处的环境。得益于这种“早产现象”，轴突极有目的地以惊人的速度延伸，最终抵达靶细胞(遗传或引导物)。出生时，脑的大多数神经元已经增生到合适的脑区，一旦到达目的地，每个神经元就有效地扎根下来，通过建立突触回路启动与相邻神经元之间的“通讯”。大脑神经的成长是最能说明“用进废退”的原则的。

这个时期，婴幼儿的神经元具有极高的可塑性，倘若后天的环境没有提供丰富的信息刺激，一旦成熟定型，所产生的后果是不可逆转、无法弥补的。

人的潜能到底有多大，至少到今天我们还没有找到上限。美国国会图书馆是世界上最大的图书馆，藏书2 600万册。美国麻省理工学院的教授们的研究结果表明，仅仅就人的记忆能力而言，如果它得到百分之百开发的话，那么这个人可以记住相当于美国国会图书馆藏书总知识量的50倍信息。

但人类的潜能开发必须依赖人的早期。“最佳期”这个词的提出，归功于诺贝尔奖得主——奥地利动物学家洛伦茨先生。经过反复实验，洛伦茨发现动物有学习的“关键期”（即“印刻期”），错过了这个“关键期”，将造成不可弥补的损失。这个最佳期的理论，也得到心理学界的普遍认同，那就是婴幼儿时期是智能发展的最佳期，错过了这一时期，智力发展就事倍功半，甚至徒劳无功。

与此相关的是“智能递减学说”。美国著名心理学家布鲁姆经过大量研究之后说，如果一个人长到了17岁时，智力发展达100%的话，那么，4岁时，他已发展到了50%，8岁时达到80%，而剩下的从8岁到17岁这个漫长时间，只发展余下的20%，这与日本的七田真教授提出的“三角形理论”不谋而合。七田真认为，如果把递减比作一个等腰三角形，0岁相当于三角形的底边，此时发展最快，潜力最大，8岁时就到了三角形顶端，每隔一年，底边的边长短一些。8岁以后，人主要是知识和技能的积累，而不是智力的发展。

马卡连柯这位苏联著名的教育学家说过：“教育的基础主要是在5岁以前奠定的，它占整个教育过程的90%。在这以后，教育还要继续进行，人进一步成长，开花、结果。而您精心培植的花朵在5岁以前就已经绽蕾。”

此外，早期教育还会促成人的性格的养成。从小塑造好一个人的性格，等于塑造一个人的灵魂。

早期教育是国人提高自身素质的一项伟大的工程，这个工程的意义，绝不亚于长江三峡工程，绝不亚于南水北调工程。

我们面临着人口问题，控制人口的过快增长是要务，但人口问题首先已不是数量问题，而是素质问题。

目前，我国人口素质状况令人担忧，不仅一流素质的顶尖级人才奇缺，中等素质人才也同样奇缺，按人口比例还不及发达国家的1/20。另一方面，我国残疾人占总人口的比例居高不下，平均20个中国人里就有一个残疾人。其中，智残比例更是惊人，平均100个中国人里面就有一个。下面这个数字更使我们汗颜：0—14岁儿童的智残比例居然高于成年人，达到1.04％。

我们不能再延续这种低素质发展状况，否则很难自立于世界民族之林，也将愧对我们的列祖列宗！所以，能否从根本上提高人口素质关系到我国能否在本世纪崛起，中华民族能否兴旺发达的问题。我们应“变沉重的人口包袱为巨大的人才资源，变天下第一难的人口问题为亿万家庭无限甜蜜的事业”。我们相信，早期教育的深入发展将为我国提高人口素质打下坚固的基石，支撑起新一代人才的巍巍大厦。中国高素质人才济济一堂的美好时日即将到来，为了这一天的到来，我愿付出今后生命中的每一分钟！

杨 健

2013年9月8日于武汉大学

第一篇　早期教育的基本理念

一、人类的智本能

二、人类的早产现象

三、早期教育是潜意识教育

四、婴幼儿有特殊的认知能力

五、走出误区，摒弃传统的教育偏见

六、隧道效应——教育要抓早抓好

七、早期教育就是素质教育

人为万物之灵。

人之所以为万物之灵，是因为人的最高司令部(大脑皮质)卓越无比。它是世界上最精细最复杂的物质之一。人类的感觉、知觉、意识、思维、情感、行为等复杂精细的生理心理活动，就在这个厚不到半厘米、广不及四分之一平方米的神经网络中进行着。

人之所以为万物之灵，还在于人的学习本能，也就是智本能。如果没有这种本能，人类仍将生活在蛮荒年代，与低级动物无异，更遑论什么创造、发明、进步。

大多数大脑研究人员确信：4岁儿童的脑重已达到成人的80％－90％。在一个人一生中，头四年已发展了整个学习能力的50％左右，也就是在这早期的岁月里，儿童的大脑完成了大约50％的大脑细胞联结——他将来所有的学习都基于其上！

格伦·多曼博士说："每个儿童出生时就有的潜在智能，比达·芬奇使用的还要大得多。"

然而，在中国只有不到15％的未来母亲和比这个比例低得多的未来父亲参加过某些形式的优生优育课程，并且这些课程通常是关于生育和保健方面的(尽管这些知识十分重要)，而与早期教育相关的知识几乎空白，更没有涉及如大脑科学等方面的内容。

全世界所有重要的教育方案都兼顾孩子生理与心理两方面发展要素。事实上，越是幼小的生命，越是无法将两者分开。

年轻父母作为施教者，应理所当然地、最大限度地从生理和心理两方面开发儿童潜能，培养儿童动手、动脑能力和创造力，促进儿童全面发展，使孩子一步一步地走向成长之路。

在此，我先将有关早教的一些基本理念告诉年轻的父母，以及准爸爸、准妈妈们。

一、人类的智本能

与其他动物相比较，人类出生时是最无能的，仅具备一些先天的“本能反射动作”。这些动作是从母体带出来的，天生的，无需后天学习。

比如吸吮反射，母亲将新生儿抱在怀里，使新生儿左颊触碰其乳头，新生儿立马将头转向左侧，并张开上下唇，然后寻找并咬住乳头开始吸吮。这个动作倘若需要后天学习，恐怕新生儿早就饿死了。

再如抓握反射，新生儿可以本能地紧紧抓住他人手指，这是在设法“保护”他自己，在某些情况下，甚至能支持其自身体重。因为我们的祖先刚出生的时候，就得抓住母亲身上的皮毛，以便于移动和攀援。

此外还有拥抱反射、爬行反射、惊吓反射等。

有一种本能反射最令人惊叹，即探求反射。所有婴儿，只要在觉醒状态，无不对周围事物产生好奇，并试图去“探索”。这其实是人类的智本能，新生儿从母体里来到这个五光十色的大千世界，本能地急切想了解周围的事物，以适应新环境并生存下来。

比如说我们给婴儿一张纸，他就开始探求：先拿着纸在空中扬，嘴里嘟哝着什么，他在干什么？他在研究社会学——谁需要这张纸？

如果没人理他，他会拿到桌子上去揉它。他开始撕纸了，这在干什么？他这是在研究物理学——纸有张力吗？

下面则更有趣了，他开始研究经济学了！纸有食用价值吗？他于是把纸塞到嘴里去试。

所以，人类发展自己的智能是本能内在的要求，不是外在的，这一点非常重要，从本质上讲，新生儿是在如饥似渴地“学习”。由此，我们乐于认定：每一个孩子都有权利成为智者！

过去说，孩子脑袋大就聪明。不见得，脑袋特别大的孩子也可能是患了脑积水。人是否聪明，从生理上说，关键是两个字——联结，即脑细胞与脑细胞要联结，形成“互联网”，这样才能打通信息通道。没有联结的脑细胞是浪费的，就像电灯泡，如果不与电线连接，打开开关通上电，灯是不亮的。

每一个脑细胞（也叫神经元）都可以形成神经突起，它可以延伸出一根轴状突出和将近两万根树突（树状突出），它可以伸长、伸远，以便与别的神经突起相联结。这个联结点就叫突触，突触点越多的人大脑的加工能力越强。

但联结是有条件的，这个条件就是刺激——外界信息的刺激。外界信息的刺激会促使相应的神经元向外延伸。这种刺激并不是对大脑的直接刺激，大脑可不能受刺激！我们也刺激不了，因为大脑“司令部”是被脑袋壳紧紧包围了的，包得严严实实，我们不要以为人的脑袋壳很薄，它可有几层，将大脑与外界隔绝。那么，我们该怎样刺激孩子呢？刺激大脑“司令部”管辖的五个“情报部”，这五个“情报部”每天源源不断地向“司令部”输送天文数字般数量的信息。这五个“情报部”就是我们通常所说的“五感”：视觉、听觉、味觉、嗅觉和触觉。

所以，年轻的父母一定要记住下面一个关键句：“训练五感，就是训练大脑。”

中国人很高明，说一个人智商高叫聪明，太有道理了，聪明聪明，耳聪目明嘛。

不过五感训练可不要平均使用力量，其中有一个器官的训练最重要，那就是眼睛。请年轻的父母记住一句话：“五感训练，视觉第一。”

每天进入大脑的信息，80％以上是通过眼睛这个“窗户”的，故中国人有一个成语叫“眼见为实”，西方人有“眼睛是心灵的窗户”之说。

但是，年轻父母有一些错误认知。比如，过去媳妇坐月子时，婆婆老爱说：“快把窗帘关好，孩子怕光。”这可是天大的误会，孩子恰好要看光（强光除外）。欧洲一些医院，婴儿出生第二天，医生就拿着手电筒对着婴儿的眼睛一开一关，目的是锻炼婴儿眼睛瞳孔收缩和放大的能力。

还有一个误区。大家现在生活条件越来越好了，有的父母把婴儿的房间布置得十分“温馨”，什么淡紫色、粉红色的柔弱光线，模糊的线条等等。其实这样的做法对婴儿没有任何作用，因为他看不见这些“温馨”的色彩和线条。聪明的父母会在婴儿的摇篮上系上一只气球，并且是红色的，因为宝宝在母体内感受的第一种颜色就是红色。为什么系气球呢？因为它是移动的，婴儿老看不动的东西会成斗鸡眼。

请年轻的父母注意，婴儿的视觉需求必须遵循以下八个字：“颜色鲜艳、轮廓分明。”所以，全世界的婴幼儿都喜欢看卡通片。研究还发现，与那些简单的、直线的、内容贫乏的图形相比，婴儿更喜欢那些复杂的、曲线的、有丰富内容的图形。

更进一步的研究发现，出生头三四个月的婴儿，由于视网膜上的锥体细胞尚未发育成熟，看什么都是黑白的，所以研究人员把这段时期叫作“黑白期”，那些黑白相间反差极大的图案更能使婴儿兴奋。

还有一件有趣的事，新生儿特别爱看人的脸，这或许是新生儿天生就有能力认识自己同类的面孔吧。

有一张图，研究人员叫它“靶心图”，即环状图。研究人员发现，婴儿看到这张图无不表现出喜悦，因为这张图和母亲的乳房相似！

二、人类的早产现象

人类其实都是早产的。

而动物是带着一个成熟的大脑来到世上的，它们只需启动祖先预留给它们的“遗传密码”就成了。中央电视台有一个栏目叫《人与自然》，我们有幸看到，北美成千上万只奔跑的角马找到了草和水的时候，便停下来，雌角马在这里生小角马。感谢摄影师让我们看到小角马诞生的长镜头：小角马出生后在十秒钟以内就站了起来，十多分钟后便和妈妈一起走。当大角马群吃饱喝足后继续奔跑时，这个出生不久的小角马居然和大队伍一起奔跑了。

研究人员常常戏称1岁以前的婴儿叫“体外胎儿”。那人类为什么早产呢？

人类早产的原因是人在胚胎期主要发育大脑。大家看到胎儿标本，会惊异于他的头与身子之比几乎是1∶1的关系。新生儿的头围和胸围也几乎相等。胚胎时期这种大脑的迅猛增长，给人出生后形成高智能带来坚实的物质基础，但随之而来的问题就是：由于脑部的增大，胎儿再不出来，母亲的产道就无法让他出来了，于是早产现象就必然产生了。

但是，正因为人类早产，婴儿带着一个极不成熟的大脑来到这个五光十色的世界上，具有高度可塑性。婴儿大脑的重新塑造、重新组装、定向发育是在外部环境中进行的，这无疑促使婴儿大脑里的神经元形成轴突、树突，并且越来越长、越伸越远，从而最大化地联结起来，形成庞大的“互联网”。“组装”大脑的工程（大脑完全发育）在人生的头三年完成了70％－80％，从这个意义上讲，人生头三年实质是人类通过有效的手段，使大脑重新“编程”，进而挖掘潜能的关键期。

所以，意大利著名的早期教育家蒙台梭利说，一个人0－3岁所学到的东西，相当于他从3岁至死亡的全部内容的总和。

所以，诺贝尔奖获得者巴甫洛夫说：“如果您的孩子从出生的第三天才开始进行教育的话，那他就晚了两天。”

所以，中国有句老话：“三岁看大，七岁看老。”

所以，诺贝尔奖得主比德尔说：“我们的教育体制错过了大好良机，因为人类忽视孩子发育中最敏感、最能接受的时期，我们严重低估了孩子的学习能力。”

我这里举一个例子，让大家了解“错过了大好良机”是什么结果。这个例子发生在20世纪80年代初。

山东有两个县，地处贫困山区，那里的人们没有钱买摇窝，甚至没有尿布，于是采用一种特殊的方式：睡沙袋。家长用一块白布绑在屋里两根柱子上，上面搁些细沙，细沙是用来代替尿布的，可以随时免费更换，的确省钱。

但问题出来了，孩子睡在沙袋上，上不着天，下不着地，每天呆呆地看着天花板——天花板是白色的，“床单”是白色的，墙壁也是白色的，我把这叫作“白色恐怖”，因为刚才讲过婴幼儿需要“颜色鲜艳，轮廓分明”的图案。不仅如此，这里也没有音乐，甚至少有人的言语刺激，这就是一种典型的“环境剥夺”。

山东师范大学教育系的师生曾对这些睡沙袋的孩子进行过测查，发现这些孩子睡沙袋的时间最短的有半年，最长的竟达四年之久，他们平均智商只有68，其中睡沙袋时间短的智商相对高一些，而睡得时间长的孩子智商比平均值低很多。

调查组师生曾向被测孩子的家长问过一个问题：“您知不知道您的孩子比别的孩子智商要低些？”可对方却满不在乎地说：“俺知道，但今后上学了，老师一教，不都一样了吗？”

调查组曾两次回县里进行追踪调查，发现80%左右睡沙袋的孩子在上小学这个阶段就中途辍学，原因是跟不上。即使是那一小部分上了初中的孩子，调查组翻遍两个县的教育局的初中学生名单，发现他们竟没有一个人能拿到初中毕业文凭！

三、早期教育是潜意识教育

有人说，3岁以前的事情谁都记不住具体内容，此时学东西岂不是白费劲吗？

回答是否定的！

因为记不住不等于没有受益！

人生头三年受的教育是对一个人的基本素质具有终生效应的教育。

婴儿出生时与生俱来的大脑皮质叫旧皮质，也叫祖先脑，这是人类经过100万年进化的成果。除此之外，婴儿大脑又具备现代人全部智能，只不过还未输入任何信息。因此婴儿出生后，大脑增长量惊人：刚出生的婴儿平均脑重大约为350克，2岁前就达到1 000克。其中，周岁前增长速度为172%。到了6岁左右，平均脑重大约为1 280克，而成年人平均脑重为1 400克左右。

后天增长的大脑皮质叫新皮质，覆盖着旧皮质，新旧皮质有点类似鸡蛋白和鸡蛋黄的关系。须知，生命的初始阶段，大量信息储存在旧皮质上，别看这些信息不显现出来，但终生发挥作用，故决定一个人基本素质高低的不是显意识，而是潜意识。

奥地利心理学家弗洛伊德认为：潜意识是心理活动的基本动力，是人的动机、意图的源泉。

我们可以这样认为，潜意识作用的好坏决定了人类头脑的好坏。在婴儿时期，新皮质的显意识部分尚未发育完整，由于是刚发育、成长，所以还不具备妨碍潜意识的能力，也就是说在旧皮质的周围还没有任何障碍或关卡，那些长大后会被严格筛检才被接收的信息，在这个时期却能不受抵抗地被接收。因此，愈接近婴儿时期，愈容易学习各种事物。在这个时期学习的事物，不论难易，人脑全部会加以吸收，并存入记忆库中，形成印记。因此，如果能在这一时期大量吸收信息、知识等，便可大大提升潜意识的质量。

所以6岁以前，尤其是3岁以前，能否培育出优秀的潜意识能力，将成为头脑好坏的分水岭。

四、婴幼儿有特殊的认知能力

前面说过，以前的成年人以为孩子就是“缩小的大人”，以为孩子与成年人的认知特点一样，只不过处于初级阶段。其实，婴幼儿有许多与成年人不同的认知特点，所以研究者提出一个命题：人类要重新认识婴幼儿。

比如说记忆力。成年人的记忆方式有理解记忆、联想记忆、分析记忆等。但婴幼儿记忆不会分析和理解，也不需要，他们全凭印象记忆，日本人把这叫模式记忆。这有点像照相机一样，快门一摁，感光胶片上清晰地出现图像。这种能力成年人望尘莫及。

比如学说话。婴幼儿是凭语感学习的，他们对语音的细微差异十分敏感，可以迅速模仿成人说话的口型。凭借这种能力，3 岁以前，任何一个正常孩子，不费吹灰之力，不用上一天学，就可以熟练掌握母语。

其实学说话是一件很难的事。学外语的人知道，要发准一个音，得调动唇、齿、喉、舌、腮，加上几十块肌肉的协调行动。其中任何一个部位不配合，这个音准会走样。这么难的事搁在一个小孩身上，他却轻而易举、易如反掌！成年人要在两三年内学好一门语言，脑袋瓜子早就炸开了，可我们的孩子满不在乎地在混沌的语言状态中理清方向，将母语牢牢掌握在自己手上。上海人一口的上海话，武汉人一口的武汉话，还不犯语法错误，何等的神功！所以我们说 0—3 岁的婴幼儿是人世间最杰出的脑力劳动者。

比如认人。其实人的脸并不好认，如果用电脑来识别不同的脸谱，要三百多个程序。但孩子们认人的本领极强，周岁以前可以识别五十个不同的脸谱，上了幼儿园，用极短的时间，就能认识全部老师，认识全部同学。还有一点成年人特别不服气：同学的爸爸妈妈孩子都认识。我办了两所幼儿园，每天到了接孩子的时候，出于安全考虑，我让孩子们坐在教室里不动，家长一个一个进去“对号入座”，以免错领。我发现，任何一个家长一进教室，全班孩子都异口同声叫：“××的爸爸来了，××的爸爸来了！”这××爸爸他们是如何记住的？我都记不住，太神奇了。

又比如认物。研究者统计过，2岁半的孩子认识的物品就已经数以万计！上到日月星辰，下到砖石灰沙，家里的各种摆设，街上的各种交通工具，孩子都认识，其中包括家长教过的和没教过的。

再比如认字。在认人、认物、学说话和认字中，认字是最容易的，因为白纸黑字，反差分明。孩子们不一定知道这是字，但凭模式记忆可以很快认识。黑龙江哈尔滨有个姓田的小朋友，跟妈妈下楼梯，下来后对妈妈说看到很多“日”字，她妈妈心里想，那里没有字呀，孩子是不是有毛病？后来猛然醒悟，这楼梯一格一格的不正像摞起来的“日”字吗？

那为什么大多数3岁以前的孩子不识字呢？是因为家长不知道婴幼儿这种特殊的认知能力，以为认字难，故而剥夺他认字的权利。可家长无法剥夺孩子认物的权利，所以如果问5个月的孩子“灯在哪里”，孩子不会说，但会指着灯。深圳有一位妈妈就试了一下：“灯他认识，那我写个灯字呢？”于是她写一个“灯”字挂起来，告诉孩子：“这也是灯。”第二天妈妈问孩子：“宝宝，灯在哪里？”孩子一会儿指着实物灯，一会儿明确地指向“灯”字。

我把这个道理讲给家长听，很多家长回去试，一试果然灵。杭州有个姓郑的小男孩，他父亲在他出生时，就在家里挂满了字（他父亲听到婴幼儿有这种特殊认知能力时，还是个准爸爸）。邻居对此十分不解，但当男孩1周岁时，杭州电视台到他家拍了个专题片，名叫《智慧的曙光》，当时工作人员粗略统计了一下，他竟已认识几百个字了。

有人提出质疑，说周岁还不会说话，怎么会知道他认识字呢？我的回答是：他不会说，难道不会“抓”吗？举个例子，当男孩7个月的时候，他的婶婶去看他。他爸爸说：“快说‘婶婶您好’。”他当然还不会说，但他在地上爬——他在找字，最后把“婶婶您好”四个字摆出来了。

我说认字比认物容易，还可以举个例子。舟山群岛有个姓朱的认字神童，我和舟山日报的记者一道去采访，果然名不虚传，什么字她都认识。她爸爸告诉我，她 2 岁半时就已认识五千个字。我感到奇怪，常用汉字不到三千，她为什么认识这么多？她爸爸解释说，他是用《康熙字典》来教的，因为他发现笔画越繁杂的字，孩子认识得反而越快。这其实是所有孩子共同的特长。

到了下午，我们改变了方式，叫她认物。我们递给她一张画片，上面画着茄子，孩子不认识，说是西红柿。但当她看到我们的表情时，明白自己错了，她很聪明，知道反面有字，抢过来翻开一看，大声说“茄子”，因为对她来说“茄子”这两个字比实物好认。

当然，我们不提倡婴幼儿一定要认字，能认一个字是好孩子，认一千个字也是好孩子，不认字还是好孩子。认字并不是我们的价值取向，这只证明了婴幼儿的确有与成年人不同之处。

如果家长一定要孩子认字，我们也提倡家长不给孩子施加任何压力，不规定任何指标。孩子认多少算多少，巩固多少算多少。家长应多和孩子做文字游戏。

以上我们谈了很多孩子特殊的认知能力，但我们还要知道一点，孩子认知能力的形成与他们的兴趣有密切的关系。

孩子们的特殊兴趣是怎样形成的？心理学告诉我们：3 岁以前孩子由于年龄太小，没有经验的积累，因而没有特殊的认知倾向，处于“无选择探求期”。这个时期，孩子对接触最早、最多、最经常的人和事最敏感，也最喜爱，事情就这么简单。

比如孩子看见母亲就手舞足蹈，十分高兴。有人说这是因为血缘关系，不对，抱养的孩子同样喜欢他的养母。这是因为母亲经常地、反复地出现在孩子眼前，给他喂奶，逗他玩，久而久之，孩子就特别喜爱母亲。

同样的道理，这个时期经常让孩子接触音乐，他会形成对音乐的特殊倾向性。我发现欧洲许多家庭的孩子，小小年纪就可以在周日整个上午同父母一道在音乐厅如醉如痴地听交响乐。那是因为他们出生后就生活在充满音乐的氛围里。同理，如果从小给孩子识汉字，他会喜欢汉字；如果一家人醉心打麻将，孩子当然也会是个麻将迷。

为什么有“书香门第”之说？就是因为这个家庭到处有书，家庭成员都爱读书，孩子从小耳濡目染，一辈子都会爱书。

为什么戏剧界有“六龄童”“六小龄童”“小香玉”等现象？就是因为这些孩子出生后就生活在戏剧的氛围之中。

我走访过几位围棋九段，他们都是两三岁就看家里人走围棋，五六岁就下棋，这叫“童子功”。

此外，孩子天生有模仿能力。心理学告诉我们：模仿是儿童最直接的学习行为，很多技能无需培训，仅靠模仿即可习得。

而且婴幼儿这个阶段的模仿意义重大，首先他喜欢模仿，其次他善于模仿，最后，他无时无刻不在模仿，模仿在时时刻刻发挥作用。所以，成人良好的行为举止、文化修养，都能给孩子以积极的影响，聪明父母应利用好这一点。

五、走出误区，摒弃传统的教育偏见

（一）教育是指上学以后的学校教育

几千年来，人们一直认为孩子的教育从上学开始。旧社会有个词叫“发蒙”，指的就是上学堂了。因此，0—6岁孩子的宝贵学习时间，就像长江的流水一样白白流淌了。

等到上小学了，家长一个一个紧张得不得了，因为“高考指挥棒”在挥舞。我甚至见过一个家庭，孩子一上小学，家里就挂了一个“倒计时牌”：我的儿子离高考还有×××天。

现在，我们需彻底扭转这一错误观念。教育应从生命的第一天开始，我们把早期教育叫作人一生中的奠基教育、黄金教育。不要以为大人的时间最宝贵，其实孩子的时间比我们宝贵不知多少倍，错过了 0－6 岁的受教育期，所带来的损失有些很难弥补，有些则根本无法弥补，造成孩子的终生遗憾。我们成年人浪费一天，就浪费了 24 小时，而孩子浪费了一天，也许会影响终生！

（二）不理解的东西，学了白学

这句话恰好不适用于婴幼儿。在这个阶段，我们要孩子理解了再教，那几乎没有多少东西可以教，因为他几乎什么都不理解。

理解是以后的事，此时关键在于信息输入。人对事物的认识不是一次可以完成的，当孩子第一次喊“妈妈”时，所有的母亲都分外激动，但请问此时此刻，孩子理解“妈妈”这个词吗？他是不是在想，“我之所以喊您妈妈，是因为我懂了，您是生我的那个女人，您还是我爸爸的夫人”？难道母亲此时会这样说：“宝宝，你这时还不能叫‘妈妈’，等你哪天理解了再叫我好吗?”当然不会！因为妈妈知道：“妈妈”这个词，孩子以后迟早会理解的。

此时的婴幼儿像海绵吸水一样吸收各种信息，但家长不应要求他马上理解，早期教育“不求甚解”。

美国有一个学者吉姆·特米里斯，在美国 50 个州到处演讲，要求美国的母亲从孩子出生的第一天起，每天抽出宝贵的 15－20 分钟给孩子朗读。他甚至提出“对牛弹琴”，反正婴幼儿什么也不懂，可以给他们朗读莎士比亚的诗句、林肯总统的演讲词、马丁·路德·金的《我有一个梦》，还有《圣经》《独立宣言》等，先把第一流的作品灌输给孩子。

（三）从容易的教起

人们不知道，对于婴幼儿来说一些事情没有难易之分，先学什么，就先会什么。

武汉有个姓余的孩子,1岁半在天安门广场表演花样滑冰,引来中外游客围观。记者问他什么时候学滑冰的,他说七八个月时就学了。那时他还不会走路,他是先学滑冰后学走路的。

有人说,孩子们学语言要先学儿童语言,成人的语言不好懂,太难。

我认为地球上无论哪个民族、哪个语种,根本不存在儿童语言。所谓的儿童语言,其实是大人编出来强加给孩子的,它既不规范、也不“划算”。

我在武汉市搞调研,发现有的母亲教孩子说“吃肉”不叫“吃肉”,叫“吃嘎嘎”;认汽车时不叫“汽车”,叫“嘀嘀叭叭”。“喝水”这个词多简单,有一次开家长会,一位妈妈对孩子说:“明明过来,咕咚咕咚。”像这样的语言,孩子今后还得花时间和精力纠正过来,所以很不“划算”。

还有,我们为什么不教孩子使用现代科技语言呢?古时候的孩子会说“长矛、大刀、皇帝、衙门”这些词,今天的孩子为什么不能脱口而出“遥控、电脑、火箭”呢?有人说后者比前者难,其实是一回事。

我在广场看到家长是这样指挥孩子学骑童车的,“宝宝,快点骑!”“慢点骑”“停下来”“后退”“转弯”。但我在北京一家幼儿园观摩教学,老师这么教同样有效:“孩子们,现在做加速直线运动”,车子明显加快;“做减速运动”,车子放慢;“速度为零”,车子都停了下来;“速度为负”,车子往后退;“好,小朋友们做圆圈运动吧”,车子都转弯了。

家长要解放思想,大胆使用所有词语,不要老停留在“排排坐,吃果果”那个年代。

(四)早教破坏了儿童的欢乐和幸福

如果有人一定要坚持说,孩子的欢乐和幸福就是今天指着自己的鼻子玩,明天到阴沟里抓脏东西,后天因为下雨,呆呆地等到晚上睡觉……我肯定要批判,因为这是浪费生命!

有人质问:“为什么让孩子这么早就开始接受教育呢?”我的回答是:

"如此美妙的享受,怎么忍心让孩子那么晚才开始呢?"

对于婴幼儿来说,学习就是游戏,游戏就是学习。孩子们眼睛睁开后的每一秒钟,都在游戏,但同时又在学习。我们无法界定他玩的这个游戏,从哪一点算起是游戏,而从哪一点算起为学习。

比如搭积木,这肯定是游戏,但难道孩子不是在学习吗?他在学习手眼协调,他在学习空间感知能力。

有人说这样做孩子太苦了。请问什么叫作"苦"?诺贝尔奖获得者杨振宁博士曾在中国科技大学做过一场报告,他十分精辟地诠释了什么叫作"苦"。他说:"内地记者采访过我,后来写了一篇报道。其中有一个标题说我在学习物理学时冥思苦想,这是指我在西南联大读书时的情况,我对这个'苦'字很反感。同学们,什么叫作'苦'?你不想干的事,别人逼你去干,这就是苦。可物理学对我来说,有无穷无尽的乐趣,我何'苦'之有啊!"说得多么好呀,孩子们在游戏中学习,在游戏中找到欢乐,找到幸福,何苦之有?

那如果真有孩子不愿意干的事呢?

这不用担心,婴幼儿有比成年人更高明的地方,那就是自我保护,其实越是幼小的生命越会本能地自我保护。这就好比山间竹子,刚出土时叫竹笋,保护得严严实实,一旦成材,自我保护机制就没有了。

当孩子发现游戏不好玩时,第一个自我保护便是东张西望。家长如果硬性拉他过来,第二个自我保护出来了,他哭,他闹,他说他肚子疼。家长能把他怎样?能跟他说,"孩子,为祖国为人民好好学"?他不懂!如果家长还要坚持,孩子第三个自我保护接踵而来——他睡着了,彻底保护起来了。

所以我只听说过中学生有得神经衰弱的,有谁见过婴幼儿得了神经衰弱的?原因很简单,他会自我保护!

相反,我们看到的是,大量的婴幼儿目前处在浪费生命的状态中,他们在无所事事中度过一生中最宝贵的时光!

（五）聪明的孩子死得早

我的结论恰好相反，聪明的孩子会长寿。人的大脑和其他器官机体一样，遵循着用进废退的规律。比如人的肌肉，锻炼它就发达，不锻炼是会萎缩的。科学用脑不仅不会损害孩子的身体，反而大大有益于他的健康。更何况早期教育的内容就是游戏，这在后面还有具体介绍。

有人对欧洲 400 名杰出人物作过寿命调查，这些杰出人物生活在 19 世纪末到 20 世纪初，平均寿命是 68 岁，而当时欧洲人的平均寿命是 51 岁。这当中寿命最长的群体是发明家，平均寿命达 79 岁，可见创造性思维有益健康。寿命最短的群体是诗人，也许诗人的情感太澎湃了，死得早一些，但平均寿命仍超过普通人 8 年，达 59 岁。

我的结论是："用脑越早，身体越好；用脑越少，衰老越早；无所事事，早早死翘翘！"

六、隧道效应——教育要抓早抓好

火车进隧道，谁先进去？当然是火车头。谁先出来？总还是火车头，因为隧道里火车无法掉头。我把这个现象叫"隧道现象"。

我要负责地告诉年轻父母：孩子的教育正是典型的隧道现象。

今天能在改革的浪潮中脱颖而出的优秀人才，他们是大学里才优秀的吗？不是，其实他们早在中学阶段已相当优秀了。但小学老师不服气了，说："这孩子在小学阶段虽然调皮，但绝顶聪明。"他们是小学才开始优秀的吗？不对，幼儿园园长告诉我们："这孩子今天取得这么好的成就，我一点也不奇怪，我们在幼儿园就发现了！"他们是幼儿园才优秀的吗？也不对。

北京有一位教育家，曾对全国 108 位高考状元作过一次详细的调查。

他发现大多数家长都是从孩子 0 岁时开始教育的，有的还实施了胎教。

所以，我希望阅读这本书的年轻父母能担当“思想解放者”，大胆实施早期教育！须知，当您的孩子在 16 岁落后了，其实不是在 16 岁落后的，早在幼年时期就落后了。

苏联学龄前教育研究所所长札波罗杰兹博士曾经说过下面一段话：“马卡连柯（苏联著名教育家）说，教育的基础在 5 岁以前便已完成。5 岁以前所完成的事，占全教育过程的 90％。”

让幼儿在早期学习事物，不仅能够使其神经系统的传导体发生技能性的变化，而且对神经细胞的成长、分化及负责精神活动的大脑基质之形成，产生本质性的影响。

至今所获得的数据资料显示，学龄前的教育对孩子成长的全部过程会产生极深远的影响。

让孩子一开始便处于主动而不是被动的地位，他们会先进“隧道”，当然也先出“隧道”。

七、早期教育就是素质教育

20 世纪末，国务院召开了一次重要的会议，就是第三次全国教育工作会议。教育界盛赞这次会议，认为是划时代的会议。因为在这次会议上，中央郑重提出“全面推进素质教育”这一响亮的口号。这次会议所产生的深远意义将在 21 世纪逐步显现出来。

对“素质教育”的科学界定，至少在现存的所有辞典和教科书中找不到。但这并不妨碍我们对素质教育的追求和研究。学术上这种例子很多，比如物理学中什么叫作“热学”，至今没有确切的定义，但不妨碍人们研究和运用“热学”。

人的素质当然有一个明确的指向。简单地说，它是指与人的发育、发展及个人幸福最密切相关的、时刻起着稳定作用的主导因素，是人的生理、心理综合品质的体现。

我比较认同教育部前副部长周运清的说法："素质是在人的先天生理基础上，经过后天教育和社会环境的影响，由知识内化而形成的相对稳定的心理品质。"

这句话告诉我们，素质不是生来就有的，而是通过教育和社会环境的影响逐步形成、发展的，也就是说，素质是教化的结果，素质是可以培养、造就和提高的。有鉴于此，素质教育就应该是"以提高人才素质作为重要内容和目的的教育"。

有人认为中国的基础教育是世界上最棒的，理由是中国的中学生在国际奥林匹克数学、物理、化学、信息等学科竞赛中屡屡获奖，拿金牌如探囊取物。中国的中小学生到国外留学，老外惊呼"不得了"，上小学五年级的中国学生所学到的数学知识已超过他们初中二年级的内容了。

中国的基础教育果真如此美妙吗？

新中国成立60多年了，至今内地在自然科学领域没有一个诺贝尔奖获得者。诚然，我们不能以是否获得诺贝尔奖作为我们唯一的价值标准，但我国大师级的科学家还不多则是不争的事实。我们是否该回过头重新审视一下我们传统的基础教育呢？

传统的应试教育的核心是知识的传授，教育思想则始终摆脱不了"学而优则仕"的科举制度的影响和桎梏。今天的孩子，将在20多年后必须面对如下现实：能源短缺、资源不足、生态失衡、污染日益严重、人口膨胀、交通堵塞、洪水泛滥、核污染等一系列问题。请问，这些东西是我们教育制度关注的重点吗？

还有，道德品质、行为的培养，良好习惯的养成等塑造高素质人才必不可少的环节，在"升学就是一切"的喧嚣声中流于虚空。当下，开车撞了人，下车将受害人连捅几刀的大学生有之；因母亲汇留学费用晚了一点，一下机场就将母亲捅了几刀的留学生有之；在校园内开车横冲直闯，致一死一伤时满不在乎，高喊“我爸是李刚”的大学生有之……请问，这是我们需要的人才吗？

素质教育必须着眼于人的内在发展需求，这才是教育价值的实质，才是真正意义上的素质教育。

这种教育就个体而言，在于努力追求人格的完整发展。同时，每一个人的完整发展，又是别人完整发展的条件。所以，素质教育要面向完整发展的人，面向所有的人。我们没有理由等待了，我们没有时间等待了，21 世纪的现状是：要么是教育打败灾难，要么是灾难战胜教育。如此而已，岂有他哉！

在第三次全国教育工作会议上，中央领导还提出：“素质教育要从娃娃抓起。”听后，令人怦然心动！

为什么说早期教育就是素质教育呢？

因为早期教育是唯一一种不受“高考指挥棒”“分数决定一切”“升学率是生命线”等观念束缚的教育，不计较立竿见影，不求近期功利，看重远期效应，信奉终身教育的观念。

下面七个字可以涵盖婴幼儿早期素质教育的主要内容：“健康、聪慧、性格好。”

孩子首先要健康，这里的健康，指的是生理、心理都健康。20 世纪 30 年代，中国幼教的前辈陈鹤琴老先生提出“身心并重、身心和谐”，正是这个意思。

孩子要聪慧。21 世纪是高科技时代，科学家还有一个说法，叫信息爆炸的时代。现在每隔五年（今后可能隔三年）全球知识总量就翻一番。

以手机为例，十几年前砖头那么大的大哥大已被 iphone4 之类的新型手机代替。几年工夫，高速铁路不断发展，表现出挑战航空速度的态势。

虽然每隔五年知识总量翻一番，可作为接受者的人的寿命却不能如此翻番。1949 年，中国人的平均寿命是 35 岁，60 年以后好不容易翻了一番。据科学家预测,21世纪末,一旦基因重组工程启动,人类的平均寿命可望再翻一番,达到140岁左右。140－150岁可能就是人类寿命极限了,再翻一番就是280岁了,那样的话街上将走着一群“老妖精”,这实在是不大可能的事了。

所以,要适应信息爆炸,新的一代必定要高智商。这也意味着婴幼儿素质教育必须重视智力开发。但还有比智力开发更重要的事。

20世纪末,美国著名学者丹尼尔提出一个现在大家耳熟能详的公式:EQ>IQ,即情商重于智商。情商的核心是性格。

我也从事未成年犯的心理研究。我发现未成年犯有一个共同的特点:聪明,而且一个比一个聪明,迄今为止我还没有发现一个有智力障碍的少年沦为未成年犯的。

可智商越高,如果品德不好、鬼点子多,其破坏性则越大,那还不如傻一点好些。

我曾结识过一个13岁的问题少年,他是一个惯偷。在少管所,他得意地告诉我:“我有特异功能。”

我问他:“你有什么特异功能?”

他说:“我只要一上公共汽车,眼睛一扫,便可知谁兜里的钱多,一偷一个准。”

可惜他的聪明用得不是地方。

总之,人的性格品德是靠养成教育后天形成的。所以,早期素质教育不要片面地理解为智力开发,更重要的是人格培养,其中核心内容是良好性格的塑造。

这些,我们将在下面章节详细地加以阐述。

第二篇　早期教育的基本内容

一、健康活动里程碑
二、认知活动及时雨
三、语言活动关键期
四、社会活动第一步
五、艺术活动启灵性
六、自然之子和三浴
七、“音乐浴”
八、阅读是学习之母（上）
九、阅读是学习之母（下）
十、性教育是早期教育的必要内容
十一、关注儿童的心理健康
十二、性格决定命运（上）
　　——婴幼儿良好性格的塑造
十三、性格决定命运（下）
　　——婴幼儿良好性格的塑造

长期以来，人们对早期教育进行了孜孜不倦的探索。20 世纪末以来，国内大量的亲子教育和培训机构犹如雨后春笋般涌现出来。现在年轻父母的文化素养已大大提高了，对早期教育的认同度也明显增强，这是值得欣慰的事。

父母认同并醉心于早期教育，单是这一点，就能使孩子更加优秀地成长。所以，努力地进行教育吧！世上再没有比这更准确灵验的“因果报应”了。要是国内千万个家庭都投身这一壮丽的事业，30 年后的中国将是一个全新的面貌。

与此同时，新的问题出现了。作为早期教育工作者，我前期的工作重点是宣传早期教育的必要性、紧迫性，但现在广大家长反映：“早期教育十分重要，这一点我们都知道，但教些什么、怎么教才是我们现在最关心的。这些方面能不能多讲一些？”

所以，我在这里向年轻父母讲一讲早期教育涵盖哪些内容，我们该从哪些方面去教孩子。

一、健康活动里程碑

一个正常的宝宝，他的发育水平理应随着月龄、年龄的递增同步发展，并且从新生儿到婴幼儿的发育过程会产生一些阶段性变化。他们必须在一定时间段内完成运动能力、行为能力，乃至感觉、知觉等的发育，不能无限期滞后。我把这些理应达到的水平叫“健康活动里程碑”。家长必须了解这些，而且必须有意识、有目的地培养孩子，任其自由发展是错误的。

把健康活动放在最前面，我是有考虑的。许多家长忽视了对孩子身体的锻炼，以为“船到桥头自然直”，到了一定年龄段，孩子们自然而然地会达到相应的运动水平，这个观点是错误的。

还有，家长不要以为身体运动只是体能训练。美国著名的心理学家、哈佛大学“零点项目”负责人霍华德·加德纳在《多元智能》这本书中明确提出，身体运动首先是智能，其次才是体能。我觉得很有道理，因为没有一个聪明的孩子是呆头呆脑、反应迟钝的。

有一点需要指出，中国家庭对婴幼儿进行身体运动训练的程度明显低于欧美发达国家，这令我担忧。提高婴幼儿身体素质，等于提高全民族的身体素质。中国是体育大国，奥运会、亚运会金牌得了不少，但这并不代表全民族的身体素质好，只不过在很大程度上是中国的体育运动体制与别国不同而已。所以我说中国是体育大国，但还算不上体育强国。要强壮全民身体素质，还得从娃娃抓起。

我认为，健康活动的宗旨应是：“身心健康，身心并重，保护与锻炼相结合。”

身心健康，身心并重，前面已经提到，这里不再阐述。为什么要强调保护与锻炼相结合，并把保护放在前面呢？这是因为婴幼儿目前正处在发育阶段，身体比较稚嫩，当然要注意保护。

比如有一个动作，我建议 2 岁以前不要做，那就是从高处往低处跳，而孩子们最喜欢这个动作。2 岁以前，孩子的肌肉和骨骼尚处稚嫩阶段，这个动作如果掌握不好尺度，孩子容易发生骨盆变形。这个后果当时并不明显，到青春期才会被发现，尤其是女性儿童，甚至会影响她今后的生育。所以家长应该禁止孩子这样做，以求安全。

保护是一方面，更重要的还是要积极主动地去锻炼，科学地实施身体运动训练。

根据科学研究，婴幼儿动作发展顺序和主动肌张力发展的顺序是一致的。

总的来说，动作发展的顺序是从上到下（即从头到脚），从中心到外周，从大肌肉群到小肌肉群。婴幼儿最早协调的是头部的动作，如吸吮反射，眼及头追随物体的转动。其后是手的抓握和部分躯干的动作，如翻身、坐和爬行。最后是腿和脚的动作，即站立和行走。从中心到外周的发展表现为，婴幼儿先出现肩、腰部分的动作，以后才出现肘、腕、膝、踝等部分的动作。

家长应该抓住生命头几年的时机，为孩子创造条件，促进婴幼儿正常发育、健康成长，使婴幼儿更快地获得运动经验。要保证婴幼儿身体运动的训练效果，必须依靠科学的指导。

我根据二十多年第一线的工作经验，积累和总结出指导婴幼儿身体运动训练的"四大法宝"，即四项指导原则。

（一）略微超前

训练某项能力的时间一定要放在孩子应该达到这种水平的月龄、年龄之前，不要等到能力发展后再训练，更不要滞后性训练，不过也不能盲目超前，略微提前一点就行了，这就叫"略微超前"。

举个例子，俗话说"三翻六坐八来爬，周岁会走喊妈妈"。

1.3个月的婴儿要翻身。

很多家长说孩子还不会翻，以后能翻再让他翻吧。

根据"略微超前"这一原则，2个半月就可以开始训练婴儿翻身了，建议按顺序采用以下两种方法。

第一种方法，把婴儿用床单裹起来。须知婴儿十分喜欢这个动作——他以为又回到母体里去了。美国一位专家在《孩子不要哭》这本书里介绍制止婴儿啼哭的五招，其中第一招就是"裹起来"。当婴儿很得意时，冷不丁轻轻地将床单一抽，床单展开时，他已不由自主地随着翻滚了，他不翻也得翻。这样重复多次，他会开始找到翻滚的乐趣。我在实践中发现，几乎所有的婴儿都喜欢这个动作，在翻转时，他们"咯咯"地笑。

第二种方法，将婴儿左腿压到右腿上，他会微微向右侧躺卧。此时，大人用左手握住婴儿的左手，用右掌轻轻拍一下他的腰部，或轻轻推动一下腰部，他就会自然翻转过来了。

2. 6个月的婴儿要学会独坐，这是一个里程碑式的动作。

有的家长说，那我们就到孩子6个月再开始训练他吧。如果是这样，孩子有可能到了7个月才会独坐。

根据“略微超前”这一原则，4个月就可以开始训练孩子坐了。有的家长说，4个月的婴儿哪会坐呀！我知道不会坐，但可以分四个步骤完成：

①拉坐，双手拉孩子坐起来。注意，此时他的头抬起来了，视角发生变化，他会感到非常惊奇。

②靠坐，用一个枕头供他靠着坐。

③“青蛙坐”，用两手支撑床面，类似青蛙状。

④独坐，此时完全独立坐好。

3. 8个月的婴儿要学会爬。

我们应在孩子7个月时就开始训练，甚至更早一点。

家长反映此时孩子爬是爬，不过不是在爬行，而是在匍行，即肚皮贴在床面或地上。怎么办呢？一个简单的办法就是用一条毛巾兜着孩子的腹部，他自然就用四肢爬行了。

谈到爬行，体育界有花样滑冰的项目，我建议家长不妨让宝宝来一个“花样爬行”。当他会直线爬时，我们教他曲线爬、“之”字形爬；当他会平地爬时，我们故意塞个枕头让他爬过去，叫障碍爬。我们还可以训练他在滑梯上学习上坡爬、下坡爬等。

爬为什么重要？因为爬与中脑有关。中脑位于脑干上，坐落在脑桥处。腹面是一对大脑脚，是神经纤维上下的通道：上传外界信息，下达脑的命令。它背面排列着视觉反射中枢和听觉反射中枢，第三对脑神经（动眼神经）和第四对脑神经（滑车神经）都萌发于中脑，由此可见中脑的重要性,而爬的动作是直接作用于中脑的。一个典型的例子是:目前在临床上,利用爬行动作的刺激是治疗中脑功能呆滞患儿最有效的方法。顺便说一句,当前在感觉统合失调的治疗中,让患儿重新经历"爬行"也是必须要有的项目。

然而孩子刚出生时,大脑还不能控制动作,躯体还不能动,只有四肢盲目地乱动,而作为生物进化过程中的一个缩影——爬行反射,在出生后的短暂时间内只能潜在地保留着。

稍大一点,为了拿到前面的玩具,或要到妈妈那里去,孩子会急得直哭,他会一次又一次主动地调动大脑积极性去思考如何完成动作。这类积极的意识驱使他顽强地去完成这项困难的挑战。好不容易孩子学会了向前移动,这才算完成了爬行,也意味着对脑神经系统进行了一系列强有力的功能训练。

总的来说,婴儿爬行训练是早期教育的一项十分重要的内容,很多家长忽视了这一必不可少的环节,而热衷于孩子坐起来后立即开始试着站立和行走,这不能不说是一件遗憾的事。因为人脑不可能跨越式地发育。人类从精子、卵子结合成单细胞发展到现代人,也要像生物进化那样从鱼类经过爬行动物阶段,而后发展为哺乳动物,循序演变,即重复生物的进化过程。因此,人生早期,胎、婴、幼儿的每一阶段都要实践人类进化的每一道程序,这叫生物的生命全程现象,是完全必要的。更何况,爬行不仅促进中脑发展,也会进而提升小脑的平衡和反应能力,所以尽量让婴儿爬得早、爬得多、爬得时间长一点,再来考虑让婴儿学会站立和行走。

最新的研究表明:孩子爬得越好,则今后走得越稳;爬得越早,学说话也越快,看、读、学习的能力也越强。相反,有些儿童长大后出现阅读障碍,究其原因,多数是在婴儿期缺乏爬的经历。更重要的是感觉统合失调的毛病也与爬行不足或未经历爬行密切相关。

有的家长老是担心孩子走的动作比别的孩子要晚些。其实,恰好走的动作是例外，我不提倡“略微超前”。这是因为婴儿的肌肉骨骼尚处稚嫩状态，走早了可能会出现“O”型腿，过早地走并不值得提倡。每每遇到向我提出此类问题的家长，我总要反过来问一问：孩子爬了吗？

（二）手眼协调

在对婴幼儿进行的各项动作训练中，我们建议突出一种训练：手眼协调训练。

这就要求家长不要单方面训练手的动作，也不要单方面进行视觉训练，而是把两者结合起来训练，这是其一。其二是多多进行手眼协调动作的训练，把它作为突出的、重要的训练内容。

比如搭积木、穿珠子、捏泥、玩七巧板等，这些活动都是典型的手眼协调活动。

1. 为什么要把手眼协调的训练放在突出的位置呢？

我们先来谈谈手吧。

手和脑的联系最为密切，中国有个成语叫心灵手巧，其实反过来理解更科学：手巧者一定心灵。

人体的每一块肌肉，在大脑皮层这个“总司令部”里都有相应的“驻脑办事处”。双手有许多小肌肉群，它们通过协调活动能完成千变万化的动作。据研究，人类手的动作种类可达上亿种，它们都可以通过神经传递，刺激大脑皮层相应的区域，开发大脑的潜能，所以苏联著名的儿童教育家苏霍姆林斯基说：“儿童的智慧在他们的手指尖上。”

打开大脑的分工图，可以看到“驻脑办事处”中指挥手的区域比其他区域大得多，而指挥手的这一区域中又以大拇指所占的区域最大。因为，身体的不同部位在大脑皮层上的代表区范围的大小与运动之精细复杂程度成正比。手在日常生活中用得最多，故在大脑皮层上相应所占的区域当然也最大。

追忆远古时代，人类与其他动物分家，是从古猿学会用双手创造和使用工具开始的。人类就是靠这双勤劳的手，向智人化迈开了第一步，手指的活动体现了智慧。有一个例证告诉我们：由于支配右手的是左脑，因而大多数惯用右手的人都把左脑发展成为优势半球，可见手的活动极大地促进了大脑的发展。

凡是需要通过大脑的行为，每次都会激起大脑活动。动作越精细、越复杂，大脑的活动量就越大，也就越能得到锻炼。由此可见，大脑的活动虽然起源于感觉，但这是被动的，而大脑主动的、积极的活动则是由于运动的激发。所以，利用手来锻炼大脑是非常重要的一项智力开发活动，因为精细动作是由手指执行的，手指尖还可执行更精细的动作。

再看看眼睛。上文说过“五感训练，视觉第一”，视觉对大脑发展有着不可替代的重要作用。人每天消耗的体能，有三分之一是消耗在视觉上，故有“闭目养神”的说法，谁见过“睁眼养神”的？中国有个成语“心明眼亮”，同样反过来理解更科学：眼亮者心明。

人类从出生开始，眼睛就具备相当好的光学特性。在出生后感觉器官的发展中，视觉系统是发展得最迅速的。随着年龄的增长，视觉的支配主导作用也会越来越明显。

此外，婴儿手的训练过程大致归为：成人把着手教——婴儿模仿成人动作——婴儿听到命令完成动作，由此手指逐步灵活起来。但没有眼睛的配合这是很难完成的，尤其是在从事极其复杂精准的工作时。

2.以下介绍手眼协调的训练方法。

3—4个月，在婴儿面前放上色彩鲜艳的、带响声的玩具，并用橡筋线把玩具与婴儿的手连接起来。随着手不规则的运动，玩具会在婴儿眼前发出响声并跳动，从而吸引婴儿兴趣，婴儿会用手去抓。这时婴儿不仅锻炼了手，而且提高了手眼协调的能力。

另一些训练方法是，拿镜子让婴儿照一会，然后拿走镜子，重复多次，逗引婴儿对照镜子发生兴趣。对着镜子喊婴儿的名字，使婴儿知道镜子里是他自己。将婴儿的小手放在镜面触摸，使他通过触摸感觉到自已的手。

5—6个月,婴儿的手眼协调能力已有进步,发展手的精细动作时机已到。这时,可以不厌其烦地让孩子重复一种手部动作。如教婴儿把手中的玩具扔掉,拾起来再扔,再捡再扔。教婴儿把附近的物体拉近、推开,多次重复。让婴儿双手玩纸、撕纸、翻书。把手绢盖在婴儿脸上,让他自己抓掉,使他尽情地体会到因手的动作带来情景改变所产生的快乐。这在儿童心理学里叫"以动求变"。

随着手眼协调动作的不断重复,由简单到复杂、由笨拙到灵敏,孩子的智能之源——大脑皮质的"线路"逐渐形成、逐渐完善。所以手眼协调动作是促进大脑发育的一种高效率活动。

(三)定向运动

细心的人会发现,几乎所有的体育竞技项目都是定向运动,比如射箭、打高尔夫、投篮、足球射门……我们也倡导孩子尽早开展定向运动,为什么呢?因为只有定向,才能锻炼大脑指挥系统的灵敏度和准确度。

家长不要以为婴幼儿在1岁半以前学会把球抛出去,完成投掷运动的学习;1岁9个月时学会把球踢出去,完成踢球动作的学习就大功告成了。其实,关键环节在后头。

当孩子学会把球抛出去后,家长还有一项任务,即训练他们定向运动的能力。比如妈妈站在左边,爸爸站在右边,告诉孩子:"来,把球抛给妈妈。""好,把球丢给爸爸。"当孩子学会踢球后,家长用两个板凳做一个"门",告诉孩子现在要射门,把球踢进门才算赢。

此外,精细动作里面,用拇指和食指捏住糖丸,准确地放入瓶口内,倒水入杯,要求水不要洒在杯外,将套环扔进立柱里,还有儿童保龄球等都是定向运动。

事实上,孩子并不能一蹴而就地完成这些定向运动,这就需要家长耐心、一步一步地训练他们。因为小孩的神经系统,尤其是运动神经系统联系的建立尚处于初始时期，手部和腿部的肌肉，尤其是手指上的小肌肉群尚未发育健全，此时要孩子定向当然有难度。但家长一定要形成运动要定向的观念，这种运动能真正起到锻炼孩子大脑的效果，使之指挥得当、操控灵敏。实践证明，有意识地、尽早地让孩子进行定向运动会十分有利于孩子培养思维的敏捷性及行为的准确性，有利于孩子形成干练、麻利的做事风格，甚至有利于孩子生活自理能力的发展。提高儿童的体育素质，比如控制身体动作的能力、动作协调性等，也与它有直接的联系。

进行定向运动的形式多样，不需要什么复杂的器材。以前小朋友没有现在这么好的条件，家里根本没钱给孩子买玩具，可照样有办法。记得小时候，我就和邻居家的同伴玩过“纸战”游戏。我们在家里安排了一个“战场”，把小朋友分成“两军”，在家里筑起“工事”（利用沙发、桌椅、床），以报纸卷成的球作为武器打纸仗，这个活动也是锻炼孩子定向运动的极好方式。此外，“跳房子”其实也是一项定向运动。

在治疗小儿感觉统合失调的专业训练中，专家设计了大量的定向运动项目。比如脚步器就是一种训练患儿协调能力、控制能力，尤其是方向感的训练器械。脚步器由不同形状的手型、脚型、字母、数字构成，它可以训练患儿准确地“踩点”，同时还可以提高孩子的注意力和观察力。

（四）左右开弓

当孩子学习用右手抓握时，一定要锻炼他也用左手同样抓握：右手握笔，左手也握笔；右手拿筷子，左手也要学会。同样，右脚踢球，左脚也踢。最近，专家们正在设计“左视野训练”“右耳侧听训练”等活动。总之，人有两只手、两条腿、两只眼睛、两只耳朵，千万不能偏废，这就是“左右开弓”。

顺便谈一谈左撇子。有的家长看到自己孩子是左撇子，很发愁，千方百计想把他纠正过来，这种做法是错误的。

事实上，左撇子有优势，左撇子对外界反应的速度要比惯用右手者快0.07秒，所以羽毛球、乒乓球、网球等体育项目世界冠军是左撇子的多得很。美国总统中有近1/3是左撇子，卓别林、毕加索、达·芬奇也都是左撇子。家长正好可以利用孩子左撇子优势，训练孩子同时学会用右手，而孩子惯用右手的话，则有意识地让他多用左手。

人的大脑有两个半球，分工明确，中间有近三亿根胼胝体将两侧连接起来。左半球在语言、书写、计算、思维等方面起主导作用，而右半球则在技艺、美术、音乐、审美、情感、想象、创造等方面占优势。左右脑支配的身体部分刚好是交叉的，即右手的活动直接传递到左侧半球的有关神经中枢，促进左侧大脑半球的功能发展；反之，惯用左手的人，其右脑功能会得到特别的发展。

有人以为，孩子今后要当科学家，那主要发展他的左脑就行了，因为左脑叫"思维脑""优势半球"。事实证明，单纯左脑发达的人，精神方面可能会出现问题。

20世纪80年代开始，科学界刮起一场"右脑风暴""右脑革命"。注意，叫"风暴"、叫"革命"并非危言耸听，而是告诉人们，尤其是婴幼儿家长，右脑开发十分重要。特别是在儿童大脑迅速增长期，更得注意右脑开发。

进入21世纪，在联合国教科文组织的倡导下，一个正确的口号正在为广大人民接受，那就是"全脑教育"，即左右脑协调发展，相辅相成、相得益彰。所以我提出一个公式，即"左脑＋右脑＝无限潜能"。

如果没有好的左脑，孩子或许对数学逻辑无能为力；如果没有好的右脑，他或许无法拥有丰富的想象力。只有左右脑一起开动，充分发挥每一个脑细胞的功能，孩子才有可能获得无限潜能。

而且，每一次左右开弓都使得大量信息形成"右脑—左脑—右脑"不断反复的传递，这对大脑的功能锻炼实在是起着不可忽视的作用！

二、认知活动及时雨

前文提到"训练五感就是训练大脑",因为人的智能是从感觉开始的。如果没有感觉,就不可能有知觉、有记忆、有思维、有想象、有创造。有个别人是无法进行智力开发的,那就是植物人,因为植物人连感觉这第一关都通不过。

什么叫知觉?通俗一点讲,知觉就是感觉的综合。

比如孩子们要形成对"苹果"这个词的概念,即形成苹果的知觉,就需要通过一些感觉的综合体验:孩子们通过视觉,认识到苹果的颜色;通过嗅觉,闻到苹果的香味;通过触觉,了解了苹果的表皮;通过味觉,尝到苹果的滋味。于是当您把苹果出示给孩子时,他会立即形成"苹果"这个词的概念,可见知觉是比感觉更高一个层次的认知。

认知发展的一个重要规律是由浅入深,由认识事物的表面现象逐步达到认识事物的本质。所以,婴幼儿认知发展中的一个显著的变化是随着他们的成长,信息加工容量也日益增加。

认知发展主要受两个因素影响:一方面,人的机体特别是人脑是认知和整个心理的物质基础,它的发育程度在很大程度上制约认知的发展。另一方面,认知及其发展又是在与周围环境的交互作用中实现的。客观世界是认知的本源,环境和教育在认知发展中起着决定性的作用。

于是我提出关于孩子认知发展的一个途径,那就是"指指点点,见多识广"。同时,我们告诉家长:及早"打地基","地基"打牢、打厚实了,孩子智慧的巍巍大厦将越建越高,而且不至于坍塌。

所以,我把尽早地开展各项认知活动叫"及时雨"。

有的家长常常说:"我太忙,我没有时间教孩子。"我的回答不太客气:"您没有时间教孩子,等于您告诉我,您没有时间做人。"

为什么这样说呢?

因为并不是要求家长不上班，而是希望家长形成牢固的科学育儿意识。家长可以随时随地教孩子，有时候一堂课只需要十几秒钟。

举个例子吧。有两个三口之家，各有一个小宝宝，恰逢星期天，两家人都计划带孩子到公园去玩半天。

第一家的父母缺乏科学育儿意识，只知道把孩子带去游玩一圈就算完成任务了。

第二家的父母具备科学育儿的意识，知道这是个难得的机会，于是走到公园门口就停住了。爸爸说："宝宝，问你一个问题，答对了，我们才进去。"孩子想，只要能进公园玩，问十个问题都成。

"门口有两棵大树，哪棵树高一些？"

"爸爸，这棵树高些，那棵树矮些。"

"回答正确，我们进去吧。"

当妈妈牵着孩子的小手进门时，妈妈接着问："妈妈牵着你的左手还是右手呀？"

"妈妈，您牵着我的左手。"

"太好了，真聪明！"

看到公园里的花，大人又问："宝宝，花是什么颜色？"

"花是红色的呗。"

"红色有大红、紫红、粉红……那这花是哪种红？"

同样的半天时间，谁的收获大，这是不言自明的。

许多有心的家长利用磁铁给孩子做游戏，让孩子获得了对磁铁的认知；用绸布摩擦玻璃棒去玩吸引纸屑的游戏，让孩子形成对"静电感应"的认知；有的家长在家里摆好碗筷，让孩子数家庭成员和碗筷的数量，孩子会形成对"数与物的对应关系""数的大小多少概念"的认知。

这样日积月累，孩子的认知能力将不断提高，当然也就为今后高级神经活动如概念、判断、推理乃至于想象、创造等打下坚实的"地基"。

三、语言活动关键期

语言是人类独有的第二信号系统。

这句话是苏联著名科学家、诺贝尔奖获得者巴甫洛夫的名言。

人和动物都具有对第一信号的条件反射能力。例如，当您把狗牵过来吃肉时，两种信号同时出现：响铃、亮灯，并多次重复，狗就形成了“吃肉”“响铃”“亮灯”三种信号的联系。当有一天再次牵狗过来，没有肉吃，只是响铃和亮灯，狗也会流口水，其实这种条件反射人类也存在。

但狗却不能形成对第二信号的条件反射。举一个耳熟能详的例子：望梅止渴。曹操带兵打张绣，走到半路上，士兵因为口渴不愿走了，曹操便把鞭子往前方一指说：“走吧，前面正好一片梅子林。”士兵一听到梅子嘴里就发酸，发酸就流口水，于是不渴了。如果您跟狗说“前面一片梅子林”，它会毫无反应。此外如“谈虎色变”等成语都说明第二信号系统的作用。

再比如，一架飞机飞过，狗看见了，只是觉得一片影子晃过，没有任何反应；而孩子看见了，会说：“妈妈，我看见了大飞机，飞机真好看，我长大了要开飞机！”

人类的体能其实不如动物：善跑的运动健将跑不过猎豹，善游的游泳健将游不过鱼，在天空中更是不如鸟，人的视敏度只有老鹰的八分之一，人的嗅敏度更可怜，只及狗的一百万分之一。人之所以成为地球的主宰，主要凭借独有的第二信号系统——语言。

而学习语言的关键期正是 3 岁以前，中国有句老话“过了这个村，就没有这个店了”，如果不抓住这个关键期，以后再来补课，往往事倍功半，甚至徒劳无功。

一个有名的“狼孩”的故事发生在印度。1920 年，在加尔各答附近的森林里，美国传教士辛格发现在狼群中有两个赤身裸体的女孩。她们在出生后五六个月时，被母狼叼到狼窝里，母狼不是为了吃掉她们，而是由于失去狼崽，母性复发，把“人仔”当“狼仔”喂养。救出那两个女孩时，小的那个三四岁，大的那个七八岁，大的取名叫卡玛娜，我们讲一讲卡玛娜的故事。

刚救出来时，她不愿意穿衣服，你给她衣服，她会撕掉；她不吃熟肉，要吃生牛肉；你给她牛奶，她要把杯子弄泼，然后到地上去舔牛奶；她不会笑，更不会说话。

辛格夫妇在修道院里对卡玛娜进行了精心的哺育和良好的补偿性教育，其中主要是教说话。耶鲁大学的现存资料表明，直至卡玛娜得尿毒症死去，辛格夫妇花了大约十年工夫，卡玛娜最终只会含糊地说出 45 个英语单词。

所以，抓住学习语言的关键期十分重要。具体来说，婴幼儿 3 岁以前的语言发展大致分为两个阶段：0—1 岁为语言积累期，即消极语言，也就是接受语言信息期。1 岁以后为语言表达期，即积极语言，也就是开口说话的时期。这两个时期都有许多具体的教育方法，我们将在第三篇里详细介绍。

四、社会活动第一步

人具有社会性，是人与动物的本质区别。

动物的第一性是生物性，它们没有社会性。有人说蜜蜂有严密的组织，那是不是社会性？事实上，蜜蜂不具备任何社会属性，它们的分工行为是仅为生存的需要长期进化后形成的。

马克思在《关于费尔巴哈的提纲》中说：“人的本质并不是单个人所固有的抽象物，在其现实性上，它是一切社会关系的总和。”

早期教育的本质特征就是把一个自然人培养成社会人，就其实质，就是实现“儿童社会化进程”。

刚出生不久的婴儿无疑是自然人，他不仅没有社会性，连自我意识都尚未形成。我们常常看到婴儿用嘴去啃自己的脚丫子，为什么？他以为那是别人的。

如何把孩子培养成社会人是早期教育的重要课题，这个重要课题又往往被广大家长所忽视。许多年轻父母醉心于关起门给孩子搞智力开发，这会有意无意地牺牲了培养孩子社会性的机会，这种做法所产生的后果是严重的。

学术界提出一个“儿童高楼综合征”的概念，正好说明当前儿童社会化进程受阻的严重性。

我小时候没见过这么多高楼，当时满世界跑，走街串巷，十分方便。那时家家户户的门也是敞开的，便于孩子们穿梭。我记得我小时候搬过三次家，每次搬家后一周左右的时间，就把周围的小伙伴全认识了，我们还在一起玩“官兵捉强盗”“老鹰抓小鸡”等游戏。

现在生活条件好了，却反而不行了。家家户户紧锁大门，门的称呼也改了，叫“防盗门”。电铃一摁，人们一般也不轻易打开，而是在“猫眼”里先确认一下再开门。这样，孩子被圈在高楼里，很少交际，眼界狭窄，抬头望向窗外，看到的还是高楼。他们看不到外面广阔的世界，也较少看到大自然里的青草绿树，更令人叹息的是，在他们最需要伙伴时，缺乏应有的伙伴关系。这无疑会阻碍孩子正常的心理发育。

当前，孩子表现出的心理卫生问题如：任性、自私、固执、娇气、胆怯、退缩、自卑、懦弱、紧张、抑郁、焦虑等，都与此有关，尤其是不善交际、不合群。

值得注意的是，这里说的“高楼综合征”并不仅仅发生在居住高楼的孩子身上，住在低层楼、平房里的孩子同样存在。

要改变这种状况，首先是要发展亲子教育和幼儿园教育，让孩子走出家庭、走向社区、走向群体。

其次是父母应利用一切机会，走亲访友，让孩子在其中广交朋友，接触社会。须知，婴幼儿的第二人际关系就是同伴关系，即与同年龄伙伴的交往关系。

此外，父母还要把孩子带进大自然，到公园、动物园、河边、海边，鼓励他们在这些活动中一边领略大自然之美，一边结交伙伴。

五、艺术活动启灵性

美育教育是早期教育的一个重要内容。

受过良好美育教育的人可以很敏捷地看出一切艺术作品和自然界事物的美，他会赞赏它们，并且很快乐地把它们吸收到心灵里作为养料。因此他们的性格和情趣也变得高尚优美。艺术活动是美育教育的核心。婴幼儿很容易对艺术活动表现出自发的热情和兴趣，因为人的天性是趋向美的。孩子们对“真”和“善”，由于阅历的原因，一时难以分辨，唯独对“美”不同，孩子们天生喜欢美，有了美的感受，以后对什么是真、什么是善，就很容易分辨了。有研究表明，给3个月的婴儿出示两个瓷盘，一个是彩色的，一个是灰色的，这些婴儿注视彩色瓷盘上的时间是后者的两倍。

在这个阶段，家长的主要任务是通过艺术活动让孩子体验审美的愉悦，这是一种审美能力的启蒙教育，包括感受美、发现美，以及创造性的表现美。

大千世界处处有美，孩子是天生的艺术家。他们对音乐的感受性超过成年人，有人说，0—3岁的婴幼儿具有“绝对音感”的优势，他们会兴高采烈地手舞足蹈，表现出富有个性的创意；他们对美术的表现力，也是令成人感到不可思议的，他们不拘一格地涂鸦，自主地把心灵的感受诉诸笔端。当然，这些稚嫩而新颖的创造性需要大人以真诚喜悦之心去发现、去接纳、去欣赏，更重要的是去引导。

比如买玩具，我不太赞成家长因为经济条件好了，就过多地去买那些高档的电动玩具。我们应多买一些拆装式、拼接式的让孩子们能动手组装造型的玩具。我认为，七巧板就是过了一千年也不会被淘汰的玩具，结构积木也很好，这些都可以培养孩子对造型的审美情趣。

大自然是美育教育的好课堂。学术界在讨论幼儿多媒体教学，这当然是件好事，但我认为最好的多媒体教学不在课堂，而是在大自然。

五光十色的自然景色是最佳的视觉媒体，比电视机里的景色好看；天籁如潺潺的流水声、婉转的小鸟鸣叫比音响要好听，是最佳听觉媒体。久居“钢筋水泥森林”的都市儿童应多到大自然接受美的熏陶。

最后，美育教育一定不要忘了中华民族优秀的文化艺术传统，比如琴棋书画。

须知，艺术活动最能让孩子获得满足感和成就感，艺术活动是使孩子获得愉悦和自我满足的最佳舞台。

婴幼儿不会独享个人的成功，当我们要求他画点什么时，千万不要忘记提醒他讲一讲：“你画的是什么?”孩子最喜欢这个环节，喜欢显示自己的艺术成果，尽管此时的“成果”仅仅只是一些大人无论如何都看不懂的色彩和线条，但这是他的创作。我们也不要以画得好不好、画得像不像去评判，而是与他分享童心世界所表达出来的那份纯真，那种灵性，那种从感情出发而诉之于感情的艺术作品。

六、自然之子和三浴

大自然这位母亲既把阳光、空气、水恩赐于一切生命，又以它的千变万化考验这些生命，这就有“适者生存，不适者消亡”的说法。

孩子来到这个陌生的世界，一种生命体的本能要求他必须迅速适应自然环境的变化，这就意味着需要利用自然因素进行锻炼。三浴，即空气浴、日光浴、水浴是有效的锻炼方法。

（一）日光浴

日光中有两种看不见的光线，一种是红外线，一种是紫外线。红外线可使肌体温暖、血管扩张，加强新陈代谢，提高肌体活力。紫外线有杀菌作用，并能促进血液循环、刺激造血机能、增加体内红细胞。紫外线还能使皮下脂肪中的胆固醇转化为维生素 D，而维生素 D 有助于体内钙、磷元素的代谢。

日光浴就是让婴幼儿肌体大部分裸露在阳光下。日光浴的时间以上午 9 点－12 点、下午 3 点－6 点为宜，气温宜在 20℃－28℃；可以坐在小凳子上进行，也可以躺在小床上、草坪上进行；顺序是先照背部、胸部，再照两侧。避免阳光直射头部，注意保护眼睛，应戴上遮阳帽。照射时间应逐渐加长，开始时 3－4 分钟，逐渐加长到 15－25 分钟。

注意，照射时间太长或方法不当会引起眼疾、眩晕甚至灼伤。不要在室内隔着玻璃晒，因为那样会挡住紫外线，孩子就接受不到紫外线的好处，但太多的紫外线的摄入又可能加深皮下黑色素使皮肤易老化。

特别提醒：在太阳黑子活动出现异常的那些天里，禁止实施日光浴。

（二）空气浴

空气对人太重要了。空气中的氧能提高大脑活力，能使体内脂肪、蛋白质、碳水化合物氧化以供给肌体所需要的热量。氧对血液系统还有良好的刺激作用，还能杀菌。低于体温的空气能刺激皮肤，提高体温调节能力。

空气浴就是使婴幼儿的大部分皮肤裸露在新鲜空气中。可以结合被动操进行，温度应在 20℃ 左右；可以在室内进行，但最好还是在户外进行，尤其是在生态环境特别好的公园、森林中进行。

实施空气浴的步骤是，先在室内脱掉婴幼儿衣服，并按摩其躯干及四肢，让他活动一下，然后带到户外。活动量大小可根据气温高低调整，气温低时活动量大些。活动时间由短到长，由 10 分钟逐渐增加到 20 分钟。

户外睡眠也是一种很好的空气浴方式。户外睡眠一年四季都可以进行，每次睡眠应在两小时左右，一天 1—2 次，气温低的季节，应注意保暖。此外，实行户外睡眠之前也可以在家里先尝试开窗睡眠。

（三）水浴

这里需要事先说明一点，我们所指的“水浴”，不要理解为仅仅是日常生活中的洗手、洗脚之类的清洁卫生活动，而是指低于体温的水浴锻炼。它可使全身体温调节机能反应加快，增强肌体对外界冷热气温变化的适应能力。较强的水流刺激或水压作用，以及浴后毛巾擦身，可促进血液循环和新陈代谢，对皮肤还起到按摩作用。如果用矿泉水或海水洗浴，水中的矿物质还能补充人体内必需的常量元素和微量元素，甚至可以治疗疾病。

水浴的方法主要有擦身浴、淋浴和泳浴三种。

1. 擦身浴。

婴儿出生三四个月即可以开始，头几天用干燥的软毛巾擦其全身，直至皮肤微红。几天后，用毛巾或软绒手套浸冷水（不要用热水）擦身。擦身前，先用手按摩全身，冷水擦身后，再用干毛巾擦干全身，使皮肤微红。

擦身浴用的水可加点海盐，顺序是先擦手臂、腿脚，然后是颈、胸、腹、背。擦浴水温要掌握好，从 35℃ 开始，渐降低于 28℃ ，周岁以后可降至 20℃ 。

2. 淋浴分为淋足浴与全身淋浴两种。

首先是淋足浴。婴幼儿腿脚着凉会生出许多毛病，暖腿脚不能光靠多穿，更重要的是锻炼。

淋足浴最好用喷头冲淋，水温可从35°C渐降至20°C左右，每淋3—4次后，降低1℃，冲淋时间1—2分钟。

冲淋前可做些准备活动，使孩子脚部发热，冲淋后及时擦干。

其次是全身淋浴。全身淋浴比擦身浴和淋足浴对肌体的冷刺激更强烈，锻炼的强度也更大。

婴幼儿到了10个月以后就可以进行了，冲淋前应做好充分准备。脱衣服后，用手或毛巾按摩躯干及四肢，使皮肤微红，接着用温水淋透全身，用毛巾擦干，然后喷淋冷一点的水，可以先喷上肢，再喷背、胸、腹，最后下肢，冲淋后立即擦干全身，穿好衣服。

水温要逐渐降低：10个月—1岁婴儿，水温从30°C开始；1岁以上，从34°C开始。每隔3—4次，降低1℃，直至降低到20°C为止。

淋浴时间开始可掌握在10—15秒，逐渐增至30秒或更长一点。

3. 泳浴。

游泳是三浴结合得极好的锻炼方式，也是三浴和肌体动作结合得很好的锻炼方式，它不仅可以增强体质，提高抗病力，还能培养孩子的勇敢精神和毅力。

婴幼儿具有先天的漂浮能力和在水中屏气的能力，这是因为他们在母体内时就生活在羊水的包围之中，在出生4个月后此功能才开始逐步消失，3岁半则完全消失。但如果早在婴儿期开始学游泳，这种漂浮和屏气的能力就能继续下去。

如果把2周的婴儿腹部朝下放入水中，他们的胳膊和腿会自然且有节奏地划动，从一边转向另一边。婴儿若潜到水里，便自动屏气。这样，孩子在学会走路之前，就学会了游泳。据研究，1岁的孩子能单独游8米以上。经常参加游泳的婴儿发育良好，很少伤风感冒。

1979年，在苏联黑海的海滨，曾经举行过一次别开生面的游泳比赛，参赛的“运动员”要求不满1周岁，因为这是“婴儿游泳运动会”。我们在电视里看到“运动员”入场时全都由母亲抱着入场，因为他们都还不会走路。当裁判员一声枪响，母亲们毫不犹豫将孩子往海里扔。请放心，他们不但不会被淹死，还会潜泳。倡导这次活动的正是苏联著名科学家恰尔科夫斯基，这些“运动员”大多数都是在他的指导下从水中分娩出来的。

值得注意的是，婴儿泳池、泳场的水质要清洁卫生，最好利用自然水，海水更好。水温应不低于25℃。每次游泳时间不宜太长，初浴10分钟左右，逐步增加到20分钟，周岁以后可酌情延到25分钟。

教孩子游泳，首要问题是让孩子对水产生浓厚兴趣。可以试着教他们在水中做些小游戏，如蹲、走，或者在水中放些漂浮物（如彩球、塑料玩具等）让孩子去追逐、抓握。待孩子在水中习惯后，可以让他们在水中屏气，在水中漂浮。您会惊讶地发现：孩子们是怎样地乐此不疲，欢笑地嬉戏，全然没有畏惧情绪。

需要指出的是，游泳这项活动在欧美发达国家十分普及，家长很重视，他们认为这是必不可少的运动。比如在美国，中小学体育课是选修，但游泳是必修课。所以，我们应提倡婴幼儿参加游泳活动，这对提高新一代身体素质具有重要的意义。

七、“音乐浴”

前面提到“自然之子与三浴”，我认为“三浴”是婴幼儿教育中的一项十分重要的内容，但我又同时认为，“三浴”不够，请广大家长加上“第四浴”——“音乐浴”。前者对婴幼儿来说是身体的“营养品”，而“音乐浴”则是大脑极好的“营养品”。

音乐浴可以从胎、婴、幼儿一直进行到小学阶段甚至更长时间。现在许多欧美国家甚至提出终生“音乐浴”，我觉得很有道理。

其实，人的心脏跳动、脉搏、呼吸、走路、跑步等，本身就有音乐的节奏要素；语言中声调的高低，就是音乐中的旋律要素；大自然和生活中各种音响，如潺潺流水声、小鸟的鸣叫声、松涛声，就是音乐的和声要素。人类既需要音乐这一艺术形式来描述自己的生活，表达自己的情感，又需要音乐反作用于人类。

巴甫洛夫学说告诉我们，在外界环境作用于人的同时，会使人产生反射作用。因此，在我们欣赏音乐时，具有不同特点的音乐就会使人的感觉器官甚至大脑和神经系统产生不同的反射作用。现代医学研究表明，优美动听的音乐能使人的大脑皮层松弛，同时产生新的“兴奋灶”，而“兴奋灶”又常常使人产生愉快、舒适、欢乐的情感。学者们证实，人的情绪好坏，可使人产生不同的生化过程。心情愉快能使血液中增加一种有利于健康的化学物质，对消除疲劳有一定作用。最近，医学界还把古典音乐用于治疗疾病。

（一）音乐浴与右脑开发

美国著名的诺贝尔医学奖得主斯佩里认为，对于大多数人来说，左脑是优势脑，它主要司掌人类的高级神经活动，如逻辑思维一类的理性的、分析的、抽象的活动，右脑是劣势脑，它主要司掌人类的形象思维，具有音乐、绘画、空间几何、想象等功能。

然而，有两点值得特别注意：第一，婴幼儿生活在形象思维的世界里，绝大多数凭借直觉行动，以形象具体的世界作为他的认知对象，所以婴幼儿时期正是锻炼儿童右脑的重要时期。第二，人们越来越重视创造性，而左脑的很多功能可以用电脑来代替，但电脑代替不了创造，代替不了情感。

所以在全脑教育的理论支撑下，婴幼儿时期更重要一些的是开发右脑。

据研究，音乐是直接进入右脑的（有的科学家认为有一小部分是进入左脑，比如歌词部分），它对刺激右脑，使其产生共振、共鸣，有其他项目无法比拟的优势。

美国哈佛大学心理学家加德纳博士在其影响卓著的名著《多元智能》一书中，描述了人有八种智能，赫然列于其上者就有“音乐智能”。他甚至提出，婴幼儿首先启动的不是语言文字智能或数学逻辑智能，而是音乐智能，此乃真知灼见。

现代大脑科学认定，与音乐有密切关系的右脑有着神秘的作用。尤其右脑是创造性意识的中心，加之音乐有着如此特殊的魅力（我们至今未发现一个完全不喜欢音乐的儿童），由此我们可以提出一个假定：在人脑迅猛增长的胎、婴、幼儿时期，让他们沐浴在音乐的旋律音符中，也许将培育出新的一代创造型人才。

如今，现代教育使左脑疲惫不堪、右脑闲置不用的现象比比皆是，而那些具有非凡创造力、思想活跃的人如爱迪生、达·芬奇、爱因斯坦，恰好是右脑发达者。爱因斯坦在美国一次广播节目里说：“我作为一个学者，能够有今天的成就，最感谢的是小时候接受了小提琴教育。”

（二）音乐浴与美育

音乐属于美育范畴，能传递人类普遍存在的感情，能跨越时代、种族、阶级和生命语言，在人的精神领域里占有显赫的地位。它以变幻无穷的组合，不同的音阶、音调、音色、节奏等丰富多彩的形式，超诗胜画地拨动人的心弦，挖掘机体内蕴藏的潜能，同时它毫无疑问是儿童早期的一种灵性启蒙。

我作为一位儿童教育工作者，曾研究过未成年犯的心理，发现一个值得探讨的问题。这些孩子之所以如此年少就走上犯罪的道路，除了社会学家所指出的社会、家庭、网络等诸多原因外，我认为还有一个鲜为人知的原因：这些孩子在幼年时，几乎从未从父母那里接受过一丁点美育教育，他们以丑为美，久而久之，灵魂扭曲。

在一次座谈会上，一位父亲痛心地指出："我的儿子是14岁被抓起来的，但我认为他6岁时就没救了。为什么呢？他6岁那一年，我给他买了个书包，他就把书包的带子勒在眉毛上，把书包往后一甩，觉得这样子很酷。还有，我帮他把衣服扣好，他看我不在时，把扣子全部解开，然后把下面的扣子扣到上面的扣眼里，觉得这样很好看。"

中国有句老话："歪戴帽子斜穿衣，他不是个好东西。"所以，我们应该从生命开始之际，就让美好的东西进入孩子的潜意识之中，使之成为与他们血肉之躯须臾不可分离的东西。

有人认为，给孩子的东西可以马虎一点，他反正什么也不懂，因此，不管什么样的音乐都行。这是极其有害的观点。正因为是幼小的生命体，我们才更要十分谨慎地为他选择，为他准备第一流的艺术作品。

因为，一个5个月的胎儿，听觉神经系统就已基本构建成了，即神经网络联结成功。人的官能一旦建立，就自动有发展该官能的本能需求。您不给他优美的音乐，他就去听机器的轰鸣声、听吵架声，这些也同样进入大脑，产生痕迹、产生影响，但这种影响都是负面的。

因为人的大脑是"先入为主"的，即首先进入大脑的信息肯定会占据主导地位，以后遇到不同信息，它会进行筛选、挑剔、排斥甚至拒绝。这在潜意识教育阶段特别明显，因此，不可以让第二流、第三流的甚至乌七八糟的音乐先入为主地充斥人的初始阶段，因为今后他很难形成第一流的艺术情感、第一流的审美情趣，乃至于第一流的道德情操。

什么是第一流的音乐？我们优先推荐欧洲古典音乐，比如莫扎特、勃拉姆斯、亨德尔、舒伯特的名作，并且选择其中优美、舒缓的，与母亲心跳节律大致相同的乐曲，这时候不宜播放过分激扬的如贝多芬的《第五交响曲》之类的作品，尤其是出现架子鼓的乐曲。其间也可以用一些优美的中国古典音乐和优秀的儿童歌曲作为补充。

这些作品经久不衰、美妙动听、极富感染力。它们表现人的内心世界，揭示人的情感状态，具有极高的美学价值；它们陶冶心灵，培养高尚情操，给人以鼓舞和力量。

（三）音乐浴与胎教

胎儿具有令人惊奇的能力！

胎龄满5个月时，胎儿听觉神经通路打开，产生并向大脑皮层的感觉中枢传递听觉的电脉冲，这种电脉冲会促使其所通过的许多神经元增长树突或树突林，建立更多神经元之间的一种叫“突触”的信息传递机构。突触越多，负责传递信息、储存信息的神经网络会变得越丰富。孩子出生后，在成长过程中，在学习、记忆活动中，会表现出感觉灵敏、思维敏捷、记忆力强且记忆容量大等特征，对以后的学习和工作，形成一种天生的良好的大脑物质基础。

因此，对胎儿的感觉通道的刺激，音乐无疑是最好的选择。对胎儿不时地发出乐性声波，可以使胎儿的大脑接受到不是语言爱抚但胜过语言作用的良好刺激。

母亲是胎教的实施者，同时也是音乐胎教的实施者。胎教的机制是母体的欣赏思维与逻辑思维，孕母听到优美的音乐时，其神经系统内便产生了一种神经介质并随血液循环流入胎盘，直到送达胎儿大脑的相应部位，通过刺激诱发达到定向性的促进发育的作用。胎儿大脑反复地受到这种有倾向性的神经化学物质的影响后，会创造一个大脑神经发育的外环境，之后势必要定向发育，活化其大脑，使之日臻完善，从而达到提高胎儿素质的目的，此为“间接胎教”。

“直接胎教”是通过母亲腹壁，用无磁传声器（陶瓷制品，不具放射性）扣在准妈妈宫底下二三横指处，直接让胎儿听音乐。外界传入到胎儿的声波要穿过腹壁、子宫壁和羊水，声波的强度会减弱，但声波的频率、声调和韵律不会发生明显改变，依然能够传递给胎儿。有趣的是，胎儿对声音的反应竟比成年人更敏感，现代科学技术可以让我们清晰直观地看到这种明显的反应。（由于大脑听觉中枢对不同频率声波有不同的反应部位，所以频率范围较宽的音乐并不适合给胎儿听。给胎儿听的音乐频率范围最好控制在 500－1500Hz。）

二十几年来，中国优生优育协会胎教专业委员会对几千名孕妇实施或指导实施了音乐胎教，并对胎教儿出生后的表现进行跟踪研究，结果是鼓舞人心的。

北京西单商场计算机组罗某的女儿在出生后，只要一听到出生前在宫内熟悉的音乐，就会马上停止哭闹。（不仅是她，许多通过音乐胎教出生后的孩子，家长普遍反映，他们很少哭闹，一旦哭闹，只要播放他们听到过的胎教音乐，均表现出惊讶和破涕为笑并随之手舞足蹈的现象，令人惊叹。）后来在幼儿园中班学五线谱时，老师带唱两遍，她就能唱下来，而且音很准。到了小学三年级，成为北京金帆少年交响乐团的首席中提琴演奏员。指挥介绍，女孩耳朵很灵敏，对音乐的音阶高低听得非常准确，具有其他同学不具备的先天性的乐感，而且大脑记忆力非常好，一般乐曲旋律很快就能记住。

小学五年级时，女孩在北大人民医院胎教中心做了评价大脑认知功能的脑电图检查——事件相关电位检查，发现她大脑认知功能很好，其速度比同龄孩子快得多。

台湾有一位母亲给我讲了她实施胎教后的体会："女儿 1 岁了，听到胎教中听过的音乐就会随着节奏扭动起来，她特别喜欢玩发出音乐的玩具，并用小手指模仿弹琴的动作。记得有一次去学奥尔夫音乐，她居然比年龄比她大很多的小朋友更能进入状态。此外，她很善解人意，爱看书，做事很专注。"

更有意思的是，通过音乐的熏陶，孩子的气质优雅，男孩一个个很"绅士"，女孩一个个很"淑女"，他们在社交方面显示出落落大方的态度，性格开朗、豁达。欧洲教育界曾提出"皇家风范平民化"，意即把过去皇族贵族教育子女用的古典音乐推广到平民家庭中去。

还有，音乐浴由于激活大脑，同时也激活了语言系统，使得孩子提早会说话。我们知道,“早开言者早开窍”,早说话的孩子聪明。之前世界纪录中说话最早的是葡萄牙一个小男孩,由于胎教,两个月零九天就开口说话,会叫“爸”“妈”。但是这个记录被打破了,济南市一个姓蒋的小女孩刚出生 8 天就能开口喊“妈妈”;满月前就会叫“爸爸”“奶奶”,会数 1、2、3、4、5;百日内能认识“鼻”“耳”“脸”等 10 个字,能说出近 100 个单词。这正是因为父母对她进行了良好的胎教,尤其是音乐胎教。

音乐浴还可以提高孩子智商。北京新华书店西城区会计于某某对胎儿进行了坚持不懈的音乐胎教,孩子出生后,仍继续坚持音乐浴。孩子 3 岁入幼儿园后,能学会老师教的所有功课,老师说过的一些道理,他在之后也能说会用。老师发现他的理解力和记忆力远远超过同年龄孩子所具备的水平。后来考入北师大实验二小,又从实验二小以优异成绩考入北师大附中这所全国闻名的学校,学习成绩始终名列前茅。

不仅是中国优生优育协会胎教专业委员会,日本零岁教育之友协会以及欧美一些科研机构,也对从胎教到婴幼儿早期教育中进行音乐浴的孩子进行过追踪调查,所作出的结论竟是惊人的相同,他们称之为“莫扎特效应”。

伟大的音乐家贝多芬有一句名言:“音乐当使人类的精神爆发出火花,音乐是比一切智慧、一切哲学更高的启示。”

今天,我们有充分的理由再加上一句:音乐是打开人类潜能宝库,开启孩子智慧之门的金钥匙。

下面,我向家长推荐部分音乐浴的优秀曲目:

舒伯特《圣母颂》《小夜曲》

海顿《小夜曲》

舒曼《梦幻曲》

马斯内《苔依丝·冥想曲》

亨德尔《最缓板》

圣桑《天鹅》

莫扎特《G大调弦乐小夜曲》第二乐章、《行板》

古诺《圣母颂》

勃拉姆斯《摇篮曲》

肖邦《降E大调小夜曲》

格里格《索尔维格之歌》

门德尔松《乘着歌声的翅膀》

贝多芬《月光奏鸣曲》

李斯特《爱之梦》

施特劳斯《蓝色多瑙河》

德沃夏克《幽默曲》

德彪西《月光》

柴可夫斯基《如歌的行板》《花之圆舞曲》

八、阅读是学习之母(上)

人生三大基本学习技能:读、写、算,其中"读"列在首位。

然而当今社会,有多少中小学生甚至成年人会阅读?有人说大学生该会阅读了吧?不见得。给一位大学本科生一份家用电器说明书,他都不见得全看得懂。因为他不会阅读,不善于阅读,缺少阅读习惯,他的那点知识是老师在课堂上讲出来的。

是什么堵塞了我们学习的通道,使我们的人生质量和价值受到限制呢?

主要是我们在学习的过程中,缺少阅读训练,尤其是我们进入阅读状态的时间太晚,错过了最佳时机。

阅读是学习之母，被称为“终身学习的基础，基础教育的灵魂”。而且在高度信息化的知识型社会，人们越来越清楚地认识到阅读是一个现代人必备的基本素质。联合国教科文组织在“国际图书年”里提出：人类必须朝着建成“阅读社会(Reading Society)”的方向迈进。随后，世界各国的教育改革都把推广阅读风气、提升国民的阅读能力列为重点。

什么是素质教育？早期阅读教育就是素质教育。早期阅读教育不仅使孩子的语言、思维、个性得到发展，更重要的是使他们的自主性得以充分展现，主体意识不断加强，自身的潜能得到开发，特别是创造性思维、创新精神和人际交往能力得以进一步提升。

古今中外，凡卓有成效的仁人志士、科学巨匠、文艺大师，在他们人生成长的路途中，您会发现，他们进入阅读状态的时间，大多数竟是如此之早！

德国的一个著名天才卡尔·威特，4 岁开始阅读；控制论创始人罗伯特·维纳，3 岁能读会写；文学巨匠歌德，4 岁就读书写字……

再看中国古代的王勃、骆宾王、白居易、李白、杜甫，直至近代的胡适、梁启超、鲁迅、郭沫若等，他们几乎都是三四岁就开始识文断字，有的甚至进入博览群书的地步。

世界上有一个民族值得我们关注，那就是仅有 1 600 万人的犹太民族。犹太民族饱经沧桑、颠沛流离、历经磨难，除以色列犹太人外，大多散居世界各地。他们却为全人类奉献出上百个顶尖级的人类巨匠，他们孕育出马克思、弗洛伊德、玻尔、毕加索、海涅、卡夫卡、门德尔松、卡拉扬和鼎鼎大名的爱因斯坦等，顺便说一句，让西方人顶礼膜拜的基督教创始人耶稣，他也是地地道道的犹太人。历届诺贝尔奖得主，比如美国，犹太人占了近 30%；全世界五百强企业的掌门人，包括著名的摩根集团、洛克非勒集团等，犹太人占有 23.7%，为什么？

犹太民族嗜书如命！

犹太人有句谚语：让儿童在阅读中度过他们的童年；犹太儿童在接

受洗礼时，神职人员会把蜜糖黏在书上让儿童去舔，就是为了告诉他，书是甜的；古老的犹太教义告诉他们的子民，当邻居家里失火时，你首先冲进去帮忙抢救的东西不是他们家的金银珠宝，而是藏书；早在11世纪，当全欧洲还有96%的家庭是文盲型家庭时，犹太民族就几乎消灭了文盲，他们宣布，在世界上任何一个角落生存的犹太家庭，儿童不允许出现文盲！

我们一个有着五千年文明的泱泱大国，一个从未中断过历史和文明的中华民族，理所当然应让孩子们从小爱书，爱读书，爱与书交朋友。在当前电视机、游戏机、网络冲击儿童的环境下，如果我们的孩子以书为伴、与书为伍，此乃人生一大幸事！

一个嗜书的民族是一个充满希望的民族，一个嗜书的儿童是一个有远大前程的儿童。

如果说听觉语言——口语的诞生把人类从动物界分离出来，那么视觉语言——书面文字则是让人类从野蛮走上文明之路。

然而，人们有一种固定的观念，婴幼儿都应先进行听觉语言的训练，到了正式上小学（古时候叫“发蒙”）以后，再开始识文断字，进入视觉语言训练时期，仿佛这是天经地义的事。

但是，历来如此，便对吗？（鲁迅语）

哥白尼以前，不都是“地心说”一统天下，但哥白尼以后呢？

伽利略以前，不都是认为物体自由落体时，速度与物体重量成正比，连亚里士多德也这样认为，但比萨斜塔著名的自由落体实验以后呢？

可见，“历来如此”不见得正确！

美国国家研究院对早期阅读的研究发现，整个北美范围内存在着儿童阅读困难的严重问题。有数据表明，美国大约有256万阅读困难的学龄儿童存在。美国学习困难的儿童中，大约80%属于阅读困难。这些阅读困难儿童的存在，实际上已经影响了北美地区人口的素质，因而也影响到整个社会人的生活和工作系统的运作。

我们目前还看不到中国有关这方面的统计和调查，但有相当一部分孩子因为阅读困难而成为成绩很差的学生。另外，成年人中有阅读困难的人不在少数。

因此，一个人以后的阅读能力的强弱与有没有早期阅读有直接的关系，这些已成为不争的事实。

早期阅读给孩子带来的裨益至少有以下几个方面：

1. 促进智力的发展。

阅读这种特定的活动使孩子安静专注，使孩子从“不随意注意”提前过渡到“随意注意”。许多三四岁的孩子一进入阅读，一扫过去注意力分散的毛病。

我曾在武汉市一家幼儿园讲幼儿阅读的课，课后园长给我提供的一个对她印象深刻的事例恰好能证明这一点。在小班里，每天下午有一个活动，就是让孩子进阅览室去看书。孩子们其实是在那里喧闹嬉笑，有的孩子还把书扔来扔去。就在这喧闹中，园长发现一个3岁的小男孩在埋头专心阅读《娃娃画报》，她很好奇，问他：“你在干什么？”“我在读书呀！”“你会读这些字吗？”这孩子有板有眼地将画报上的一篇故事完整地读了出来，这情景让这位有三十多年教龄的园长惊讶得目瞪口呆。

2. 锻炼记忆力。

我曾接待过一位教外孙女阅读的退休教师。他说，孩子1岁左右开始识字，记忆效率直线上升：到了3岁左右，在15分钟内竟能将近20个汉字背出来；进入自主阅读后，她能成篇地背诵儿歌、故事，甚至能背诵《论语》《孟子》《大学》中成段的句子，记忆力真是惊人。

3. 培养思维能力和想象力。

儿歌、童谣、故事都是成段的独白语言，孩子通过对视觉语言的默读回忆，读过的语句就转化为不发声的内部语言，这种内化活动把思维想象提高到一个新的境界。所以早期阅读的孩子都爱讲故事、提问题，思想活跃、表情丰富、知识面广。

4.陶冶美学情操。

早期阅读其实也是一种灵性的启蒙，早期阅读的孩子落落大方、自信心强。而且他们从小接受经过加工提炼的优美的汉语熏陶，其审美情趣将大幅度提高。

5.有利于语言的规范化。

阅读使这些孩子与其他孩子相比，多了一个接触语言的渠道，从而使他们的语言能力产生了质的飞跃，我们甚至可以用“出口成章”“口若悬河”来形容他们的语言表达能力。

辽宁省有一个小男孩3岁1个月即开始进行自主阅读。记者前来采访，一进门，发现他正在阅读《水浒传》，他的第一句话就把记者逗乐了：“笑问客从何处来？”

记者问他：“你读书读久了，不腻味吗？”他说：“不，古人说，百读不厌。”记者又说：“我得好好向你学习。”他回答说：“叔叔别夸我，我现在只是一知半解，今后我还要‘百尺竿头，更进一步’。”

6.有利于良好道德品质的形成。

大量的故事和儿歌中蕴涵着对善良、勤劳、勇敢的歌颂，对丑恶、懒惰、自私的鞭挞。孩子们在阅读时耳濡目染、长期熏陶，从而逐步形成正确的价值观、良好的道德理念，塑造了美好的心灵。

我们常常提到孩子要自然习得，自然习得不仅指日常生活中的环境熏染、家长的示范、榜样的诱导，其实阅读中不断汲取美文佳句也是一种自然习得。所谓“腹有诗书气自华”，此之谓也。

7.培养自学能力和习惯。

在现代，人的主要能力大部分是自学得来的。阅读就是一种严格意义上的自学。创造型人才必定具备良好的视觉语言根底，他才能想人之所未想，做人之所未做。

文盲不仅是指目不识丁的人，还应指那些不爱阅读、不善阅读、不懂如何学习的人。因而，在早期养成的阅读能力和阅读习惯是真正“脱盲”

的基础。

九、阅读是学习之母（下）

在开展国家人文社会科学重点研究基地重大课题“汉语儿童早期阅读与汉字习得过程研究”中，我们获悉：汉语儿童在早期可以在与非文字材料的互动中产生对阅读和文字的敏感性，从而从“前阅读”发展为阅读。但是，我们在设定孩子早期阅读目标时，必须充分考虑汉字文化情境的特殊性，比如它与拼音文字的不同，汉语是单音节、单字组成的词和句子等等。

有人对孩子识字提出反对意见，认为会束缚孩子的思维。而我们在近三十年内，指导了广大家长进行早期识字活动，并取得了良好的效果。关键的问题在于不要把早期识字作为唯一的价值取向，它应该是一种孩子在轻轻松松的环境下玩耍的活动，只不过在这种玩耍中，他也同时识字了。

实际上，孩子成长到3岁左右，随着视野的开阔，活动内容的丰富，孤立的识字游戏已不足以激起他们的兴趣了。针对这一现象，不少家长纷纷询问：怎样才能巩固学习成果？

我的回答是：“巩固成果的唯一办法，就是尽快让孩子进入阅读状态。请注意，此处我使用了‘唯一’这个词。”

当孩子进入阅读状态时，面对合辙押韵、朗朗上口的儿歌，新鲜生动、形象鲜明的故事，他会惊讶地发现，原来这一个个奇妙而美丽的方块字居然能组合成如此五光十色、丰富多彩的大千世界。他怎么能不感到欣喜？他又怎会离开这个吸引他的文字世界呢？

我们认为，孩子的阅读教育可以渗透到生活中的每个环节，他们可以通过书本学习阅读，可以在游戏中学习阅读，也可以在一日活动中学习阅读。这样，孩子对于语言文字就形成一种敏感性，他就会像无时无刻不在接受听觉语言那样，随时随地在接受视觉语言。而当他把日常生活中获得的零碎阅读经验加以提炼和深化，就会产生对视觉语言的喜爱，就会逐步理解视觉语言的规律性。

同时，家长们应该注意视觉语言学习的最佳时间。研究表明，孩子的早期阅读行为起始于出生后的最初阶段，即他们通过听和说获得口头语言的同时，就开始发展书面文字的阅读能力。支撑这个论点的前提条件是我们反复强调的为婴幼儿朗读的坚持，因此，我要掀起一场“朗读运动”：从孩子出生以后，母亲就应该坚持在一天的二十四小时之内，抽出宝贵的 15－20 分钟给孩子朗读，这叫“准阅读”阶段。

孩子在早期阅读中建立起来的自我纠正、自我调整的阅读体验，对他们后来的自主阅读、写作甚至对其他学科的成绩都有着极大的影响。孩子们很早就尝到文字世界的乐趣，这是件多么幸运的事情！

我们希望在我们这个有着五千年文明史的泱泱大国，出现成千上万个新时代的“书香门第”。他们家里的藏书，多于光碟的数量；他们讨论问题的时间，多于“张家长，李家短”的闲言碎语的时间；他们读书的时间，多于看电视的时间；他们家文房四宝的地位，高于麻将扑克的地位。“书香门第”的家庭成员，有着浓厚的阅读兴趣，他们对天文地理、历史典籍、人物传记、哲学宗教、文化教育等各个领域的书籍如饥似渴，无所不读……孩子从小在这个书香环境中耳濡目染，接受文化艺术的熏陶，才是“身教重于言教，乃至于不教而教”！

从本质上讲，“书香门第”就是学习型家庭，从这种家庭里，会走出成千上万个博览群书的人。

另外，有人认为现在是网络时代、多媒体时代，“阅读领先”这种观点落伍了！其实，当我们从网上获取信息和资料时，仍然是在阅读，只是阅读的载体不同，但阅读的本质特征不变。

下面这些文字，就是家长在指导孩子阅读时必备的“教学宝典”。

第一，早期阅读教育的目标是培养终身阅读者，现阶段的目标就是五个字：喜欢读，会读。

第二，儿童是阅读教学的主体，他们不是被动接受者，更不是旁观者，因此，他们在教学过程中参与程度越高教育越有效。并且，一定要尽量让孩子的眼、耳、口、手都动起来。

第三，良好的阅读动机来自孩子的心理需求：他们需要愉悦和好玩，他们需要满足求知欲和好奇心，他们需要随时得到人们的赞许和肯定。

第四，要把阅读作为一门艺术课来对待，不仅语言要美，还要辅之以音乐、舞蹈和美术等。

第五，不要孤立识字，而要在阅读中联系语言背景材料识字，要求字不离句、句不离文，一反过去先识字后读书的程序。

第六，当孩子识字量达到很高的水平时，当孩子已经对跟读感到厌倦时，家长应该适时地把阅读自主权拱手相让，让他们大胆进入自主阅读，我们只需要帮助他们及时清除阅读中的“拦路虎”——生字。当然，开始的范读十分重要，并一定要用抑扬顿挫、感情丰富的朗诵方式。自主阅读是幼儿阅读的最高境界。

第七，在形成自主阅读的前提下，应开展创意阅读，如扮演角色和戏剧表演，让孩子通过对话、动作、服装、头饰等进入文章的世界，开展讨论式阅读，尝试给故事改编不同的结尾，或者设计与文章主题相关的游戏。此外，还可以举办诗歌朗诵活动，可以用绘画来表述阅读内容等。

第八，鼓励孩子们通过联想将读物中的角色在头脑中用生动鲜明的形象代替，设置一些悬念将孩子引入文章的深处，利用一些反复结构的文章引导孩子进行策略记忆，引导孩子用分类提纲去理解一些自然科学的概念，用提问的方式激发孩子去探索求知。

格伦·多曼在美国费城人类潜能开发所研究幼儿早期阅读的作用并取得令人鼓舞的成就，他把一些被认为是“低能儿”的孩子通过阅读培养成卓越的人才。他的成就引起了教育界、心理学界的高度重视。他曾有一段十分精彩的话：

“早期教育导致一场史无前例的，最雄伟壮丽而又最文质彬彬的革命……一场带来壮丽变化，而又不用流血，没有痛苦折磨，不用挨饿受冻，没有仇恨，没有破坏，又无须死亡的革命。

“在这场最文质彬彬的革命中，只有两个敌人：其一是旧的传统观念，其二是现状。我们并非要破除一切旧的传统观念，只是希望传统的虚伪自然消亡；我们并非要焚毁现今好的东西，只是希望当今世界上那么多可怕的无用之物渐渐枯萎。

“正常的婴儿出生时都有莎士比亚、莫扎特、爱迪生、爱因斯坦等人那样的天才潜能，聪明和愚蠢同是环境的产物。”

十、性教育是早期教育的必要内容

“性教育应从婴儿抓起”，广大家长应该坦然面对，无须回避。

在谈这个问题之前，我请家长注意以下事实。

近60年来，我国青少年男女性成熟的年龄平均提前了两岁，而平均结婚年龄却推迟了五岁或五岁以上。这个数字说明，青少年从性成熟到结婚这个阶段的时间延长了七年以上。

目前中国青少年犯罪中，30%以上是性犯罪，其中网络信息是主要诱因。

一次对中学生的调查显示：80%－90%的青少年缺乏最基本的性知识，46.2%的人不知道女孩来月经、男孩遗精就意味着有了生育能力。

据世界卫生组织和其他健康机构的统计，全世界3 400万艾滋病感染者中，三分之一以上是10－24岁的青少年。

北京市妇产医院曾报告说：目前做大月份引产的女性，50%左右是

18岁以下少女。

青少年因父母棒打“早恋鸳鸯”而离家出走，11岁少女把婴儿分娩到厕所里，兄妹“玩游戏”导致妹妹怀孕，17岁高中生把私生子从六楼扔下去等等事情，现如今已频频见诸报端和网上。

面对严峻的现实，我们做家长的还会坚守“性教育是可有可无”的观念吗？我们还会认为“孩子们从性教育中学坏了”吗？

须知，您不进行正面的性教育，另类的性教育却在无孔不入地进行着。而且，这种“性教育”却是90%以上属于左道旁门的教育。例如网站、录像、报刊、广告，甚至色情书刊、黄色光盘，它们铺天盖地、防不胜防。孩子们轻而易举地从这些渠道获取“性知识”，他们的所见所闻、所思所想，远远超过我们“善良”家长的估计。

由此可见，“性”是贯穿于人的一生之中的，所以，性教育是终身教育。

要抓，而且得从源头抓起。

儿童性教育是人一生中性教育的奠基教育，儿童性教育的原则应是：教育的内容要走在儿童生理心理发展的前头，而不是滞后性教育。

（一）婴儿期的性教育

有人说，孩子一生下来啥也不懂，谈什么性教育，简直是无稽之谈！实际上，这时的性教育是一种潜移默化的信息刺激，它主要是第一信号系统（非语言文字信号）的输入。

简单地说，就是性别角色确认。即一开始就对新生婴儿的性别加以确认，具体来说是指对婴儿按照男孩的行为规范或是按女孩的行为规范来养育，这本身就具有一定的社会学意义。

欧美发达国家的家长到商店里为孩子买用品，如内裤、内衣等，是一定要反复向售货员强调是男孩用的或女孩用的才放心买下，绝无半点马虎。这种潜移默化的作用，对孩子人格因素的健康发展至关重要。

举一个反面的例子：有的家长盼望生个女孩，生下来一看，是个男孩，于是为了自己的“恋女情结”，便把男孩当作女孩来抚养。从起名、买玩具到买服饰，从与婴儿谈话到对婴儿的行为要求，都是用女性的方式进行。久而久之，这孩子的心理问题就出来了。对于性别认同，小学时他开始困惑，中学时他感到痛苦，到了大学他就直接要求动手术换性别，否则痛不欲生。有些人长大后，形成“异装癖”“同性恋”“异性癖”等毛病。

（二）幼儿期的性教育

延续上述婴儿期的性别角色确认，此时应进一步让孩子形成正确而恰当的性别同一性和性别角色观念。由于这时有了第二信号系统的介入，教育者更方便让孩子逐渐理解一个男孩应该如何，一个女孩应该如何。

有一种现象值得关注，大多数幼儿园是男女同厕的。有的园长在回答我对这个问题的质询时干脆抱着不屑一顾的态度说：“这有什么呀，孩子这么小，会有问题吗？”

当然有问题。如果儿童的性别同一性发生障碍，而我们又不抓住这个“奠基时期”加以纠正，长大以后出现诸多心理障碍就难以克服了。

所以如果让男孩穿女孩的衣服，玩女孩类的玩具，甚至教一些女孩味的歌谣和话语，那么这个男孩长大以后就可能表现得“女孩子味”十足，成为所谓“娘娘腔”，这样会导致心理病态，就不能很好地适应社会生活。反之亦然。

还要防止形成性抑制。有的家长看到孩子玩弄生殖器，就采取十分粗暴的态度阻止：“不许动！”“丑死了，摸这些脏东西！”“真不要脸！”或者采取武力强行拉开甚至揍一顿，这样做后果是严重的。这种性抑制会让孩子产生很强烈的反应，甚至一直影响到他的一生，如男性儿童成年以后的阳痿，女性儿童成年以后的性冷淡、性恐惧症。究其原因，还是幼年时埋下的祸根。

正确的做法是淡化。首先，听其自然不予理睬。然后，可以运用迁移规律，用玩具、讲故事等让孩子特别感兴趣的活动将他的注意力转移开。最后，等他稍长大了一点时，在适当的时机不经意地提到此事，告诉他，人的身体有些地方是不能随意去摸的，顺便告诉他（尤其是女孩子），也不能让别人摸，尤其是陌生人。

孩子喜欢与异性小朋友玩一些游戏，例如扮医生，互相窥视对方的生殖器；玩结婚游戏，扮新郎、新娘“入洞房”；玩“过家家”，他们当爸爸妈妈，用布娃娃充当孩子等。此事家长应坦然面对，千万不要羞辱他们，更不要把天真纯洁的游戏硬往“性”上拉。

有些明智的父母为了消除孩子对性的神秘感，特别安排一些机会（如洗浴时）暴露大人的裸体。这时，孩子很可能会问到生殖器的名称，家长正好不失时机地很自然地教以正确的学名（不要叫“小鸡鸡”之类的俗称）。须知，对人体的自然态度是形成一个人健康性心理的重要前提，还可以防止今后可能出现的“露阴癖”“窥阴癖”等毛病。

此外，不要用伪科学去蒙孩子。

我们曾在武汉市对一万多个家庭进行过一次问卷调查，其中有一个问题是这样设计的——当您的孩子第一次问您：“我是怎么生出来的？”您是怎么回答的，或者您将要如何回答？这个问题是孩子们迟早非问不可的。

等答卷收上来一看，答案令人啼笑皆非，大约70%的母亲是这样回答：“你是从妈妈腋夹窝里长出的。”有的说是垃圾堆里捡来的，有一个家长最有创意：邮局寄来一个邮包，打开就是你！

看来，家长似乎不指望同孩子进行性知识方面的沟通了。须知，孩子迟早会知道这件事的。当他们知道后，他们会认为大人在欺骗他们，于是会永远关上这方面沟通的大门。

正确的方法是如实回答。

当然，是在孩子能够理解的范围内如实回答。

有一位母亲是这样写的："我告诉孩子(5岁)，妈妈肚子里有一个装宝宝的房子，叫'子宫'，你就是在那里长大的。不过，爸爸也有功劳，是他把一颗种子放在妈妈的子宫里，这才有了你。你知道妈妈为你的长大，吃了不少苦，等你大到装不下了，就自然从妈妈的肚子里出来了。"

这样娓娓而谈，丝毫也不窘迫，既满足了孩子的好奇心，而且还教育了孩子热爱母亲、尊重母亲。

另外，3—5岁的儿童会对异性小朋友生殖器不同的现象产生疑惑，这时家长可以及时并正确地进行讲解，而不是骗他们。

最后，还有一个不得不说的话题：性伦理应从幼儿抓起。

性伦理是社会学的范畴，此时我们不可能给孩子上伦理课，但是，父母伦理道德的示范作用乃是强大的力量，足以起到春风化雨式的作用。

我们在研究未成年犯的时候，发现多数未成年犯之所以走上犯罪的道路，与家庭不良的道德环境有直接的因果关系。

别以为孩子太小不懂事，父母的一言一行，孩子无不看在眼里，记在心里。如果为人父母者举止粗俗、下流，行为不检点，将直接影响到孩子性伦理观念的形成。这样的事例举不胜举，在这里，身教重于言教的意义显得尤为突出。我们甚至可以说，父母在孩子身边是一种教育，父母不在孩子身边，这种教育仍然在进行。

（三）儿童性教育的几条规则

1. 永远不要正式谈"性"。

对这么小的孩子郑重其事地谈"性"，注定会要失败的。我们提倡"机会教育"，即一旦机会来了，不失时机，抓住重点。回答问题时，采取"问大答大，问小答小，不问不答"的原则。切忌长篇大论，切忌忽悠他和用伪科学搪塞他。

2. 不要粗暴地否定孩子。

不要老在孩子面前强调“这不能做”“那不能动”，而应首先试着强调“能做什么”。例如，父母可以先告诉孩子，小朋友之间握手可以，接吻可以，在一起玩“过家家”也可以等等，这样网开三面，他们自然会轻松地接受那些少数“不能做”的规则。

3. 家庭一致性原则。

性教育失败的最大可能性就是父母双方在性伦理和性思想方面产生分歧，从而导致孩子无所适从，观念混乱，或从中找到“破绽”而寻找“保护伞”。成功的教育应是父母双方（如家里有祖辈，也应加上他们）态度一致、意见一致、做法一致的教育。

4. 不必采取单一性别的教育。

单一性别的教育是指妈妈只对女儿进行性教育，爸爸只对儿子进行性教育。有趣的是，实践证明，反过来效果更好一些。当然，父母双方共同对其子女进行性教育是最理想的搭配方式。

5. 不要指望一次性教育就可以使孩子终身受益。

前面谈到，性教育是终身教育，包括我们大人本身也要不断接受性教育，更何况孩子。他们在不同的阶段，性教育的内容、方法、形式都应有所改变，用一句时髦的词就是“与时俱进”。

顺便预先给家长提醒一句：孩子最让人头疼的时期是他的青春期，请你们做好充分思想准备吧，但如果早期开端好，那个时期的麻烦将极大地减少。

我们生活在这么一个世界里：它充满了性的图像，有关性方面的错误信息、错误观念；一些不在乎儿童和青少年切身利益的别有用心的人在释放危险的误导信息，还有打着性教育的幌子贩卖色情内容的无良分子在活动，他们无孔不入，唯利是图。多少孩子在困扰和危险中，他们需要我们提供有关性健康方面的诚实的回答，他们有“知情权”！如果现在，教育机构在广大家长呼吁下仍没有这方面有效的准备，那么，深深爱着孩子、视子女为珍宝的父母应理所当然、责无旁贷地担负这个神圣的责任。

面对这个信息繁杂的现代社会，孩子没有这个“准备”，我们父母就应该给他提供这个“准备”！

十一、关注儿童的心理健康

什么是儿童的健康？

联合国世界卫生组织（WHO）在其宪章中对健康作出了科学的权威性的界定：“健康乃是一种在身体上、心理上和社会适应方面的完好状态，而不仅仅是没有疾病和虚弱的状态。”

从这个定义上看，健康的基本内涵应包括以下三个方面：

第一，躯体健全无残缺——身体健康；

第二，良好健全的心理状态——心理健康；

第三，良好的社会适应性——社会性健康。

以上标准，儿童不能例外。

我们认为，儿童心理不健康所带来的后果，并不亚于儿童生理不健康所带来的后果。

目前，我国儿童行为问题检出率为6%－22%，在17岁以下人群中，至少有近4 000万人存在着不同程度的心理障碍和心理疾病。更令人担忧的是：近几年来儿童和青少年的情绪障碍、问题行为、心理疾病患病率等呈现明显上升趋势！

还有一点需指出，心理不健康导致生理疾病的概率很高，尤其是慢性疾病。

人有两条生命，一条是物质生命，一条是精神生命。物质生命需要营养，这一点大家都很理解，也很重视；然而精神生命也需要“营养”，却不一定都能理解。

这种重要的"精神营养素"首先源自爱，婴幼儿时期最重要的则是父母对孩子的亲子之爱。

在第二次世界大战之后，欧洲许多国家在战后重建工作中做出一件"壮举"：在财政十分困窘的情况下，为在战争中失去了父母的孤儿建立了设施完善的孤儿院，聘请了素养很高的人员当保育员。

人们以为这个问题得到了妥善解决，殊不知在一些儿童机构对孤儿院里的孤儿做测查时，发现以下三点问题难以克服。

第一，身体素质不好，死亡率高。

第二，智力发育的平均值低于常态儿童。

第三，孤儿普遍存在不同程度的心理问题，人格发展有不同程度的扭曲，个别儿童还出现反社会行为倾向。

究其原因，最主要的还是这些孤儿在幼儿时期，缺失亲子之爱，从而"精神营养素"不足。

那么，在幼儿时期，有父母照看的孩子是否会好一些呢？

答案是肯定的。但是，父母的教养不得法或出现"问题家庭"时，情况就不容乐观了。

以下列举的这些现象会导致儿童的心理健康遭到破坏，以致他们产生心理疾病或为心理疾病埋下祸根。这些现象对孩子的严重冲击不亚于把他们送到孤儿院：

父母离异或长期争斗；

父母双方对待儿童态度不一致，甚至强迫孩子站在自己一边；

父母弄虚作假，不诚实守信；

长期压抑孩子心理需求；

对孩子提出高期望值的苛刻要求；

父母性别角色混乱；

经常惩戒孩子；

对孩子采取冷漠的态度；等等。

儿童在出现心理问题时，往往表现出恐惧、焦虑、易躁、兴趣减少、情绪低落、自卑、不合群等现象，生理上将会伴随出现腹部疼痛、恶心、呕吐、睡眠困难、进食反常，甚至全身不适等现象，就算找医生检查，都无法诊断出具体病名。这时家长要引起足够重视：您的孩子可能有心理疾病或心理障碍了！

世界卫生组织曾就儿童心理不健康的问题，列举出四种表现形式，年轻父母可以对照一下，看看您的孩子有哪方面属于这种表现。当然，如果一条都不符合，那就太好了，说明您的孩子心理健康，这正是我们期待的！

1. 心理疾病：以 MBD(Minimal Brain Dysfunction)为代表，包括其他心理疾病。

这里的 MBD，规范名词为“注意缺陷障碍[伴多动]”，也就是大家熟悉的多动症。

多动症的主要障碍是精神上(心理上)或行为方面的，其实主要的症状并不是动，好动不一定是多动症。活动过度又呈现盲目性才是多动症，其中更主要的症状是注意力明显分散，所以多动症又叫“儿童注意力缺陷综合征”。患多动症的孩子注意力持续时间太短，易受外界干扰，经常无法有效地对学习任务保持足够的注意，此外，他们情绪波动大，行为不计后果，自控能力差。

到了上学阶段，孩子就会出现阅读困难、计算困难等行为障碍，严重的会出现精神发育迟缓。

目前对多动症的发病原因比较趋于一致的看法是：多动症部分原因与遗传有关，也与脑轻微损伤导致的轻微脑功能失调有关。而下面的原因家长则要更加引起重视：

其一，不良的家庭环境。（噪声、家庭成员之间的争斗、不良的教育方法以及粉尘太多等）

其二，滥用食物添加剂的食品摄入过多和不良的饮食习惯。（如过多饮用碳酸饮料，过多进食糖果、冰激凌、香肠以及含铅量过多的食物等）

除多动症问题以外，下列心理疾病也是不容忽视的：

儿童抑郁症——内向、不合群、情绪低落、好发脾气等；

儿童强迫症——因强迫观念和强迫动作形成无法自行克制的重复行为；

孤独症——较严重的儿童精神障碍。男孩多于女孩，近几年有上升趋势；

恐惧症——对日常生活中的常见现象产生过分恐惧、焦虑，达到异常程度；

焦虑症——过度焦虑、情感脆弱，对未来的事情表现出毫无理由的担忧和恐惧。

2. 神经功能障碍。

主要表现在以下四个方面：

(1) 进食障碍（厌食、拒食、贪食、反复呕吐、异嗜等）

其中厌食情况比较普遍，这里要给家长一个忠告：千万不要在孩子吃饭的时候训斥孩子，天大的事情一定要等吃完饭后再处理。出现最少的是异嗜，是指孩子吃非食物，如蜡烛之类的东西。

(2) 睡眠障碍（夜惊、梦游、失眠、梦魇等）

选择以下两种现象加以解释。

夜惊：睡眠中无故惊醒，瞪目而坐，叫喊，哭闹。如果孩子在睡前，家长用“大灰狼”来吓唬他，有可能会产生夜惊。

梦游：睡眠中突然凝视坐起，但不看东西，然后下床进行某些活动，而后自动上床入睡，醒后对上述行为完全不知道。

(3) 排泄障碍——不自觉排泄

典型的行为就是遗尿,但这有年龄限制,应指5岁以后仍不能自觉控制排尿。除了夜间遗尿以外,白天尿裤也算。其中,大部分儿童的排泄障碍是教养方法不当所致,还有部分原因是精神紧张、过度疲劳引起的。

我们建议从新生儿开始即进行排泄训练,一直坚持下去,不断增加难度和规范,这会很有效果。

(4) 言语障碍——口吃

口吃俗称"结巴",被认为与某种脑功能障碍有关,属于一种语言神经末梢缺陷的现象,紧张和焦虑也是造成口吃的重要原因。

家长如果一味指责批评,会强化口吃现象。相反,家长应采取宽容和鼓励的态度,耐心地从正面予以引导,比如教孩子用歌唱的方式说话,一字一顿地大声念儿歌,还可以采取系统脱敏法,设置场景练习说话。

3. 不良习惯。

有不良习惯的孩子心理不健康,这看起来似乎有些宽泛,但这个命题是正确的。

什么是习惯?

首先,习惯是一个人稳定的行为方式,一旦形成便很难改变。尤其是婴幼儿,他们的行为习惯没有真空地带,比如说您的孩子要么就养成了早晚刷牙的良好习惯,要么就养成了早晚不刷牙的不良习惯。

其次,习惯不是一般的行为,而是一种定型性行为,所以心理学有一个名词叫"动力定型",即人们头脑里建立起来的一系列条件反射。以刷牙为例,如果家长提醒孩子,今天早上要刷牙才能吃东西,他去刷牙了,那这不叫习惯,只能叫行为;如果孩子起床后连想都不用想,自动地去刷牙,如果不刷牙反而觉得不舒服、不自在,这种行为就是习惯了。

在这个意义上说,婴幼儿时期建立基本的常规习惯,是他一生中的奠基教育,也就是所谓的养成教育。

那么,什么行为属于不良习惯呢?

吮拇指就是不良习惯。

如果在婴儿期，孩子通过吸吮拇指来追求一种“婴儿式的快乐”，或为了排遣寂寞、宽慰自己、满足好奇去吮拇指，这些应视为正常现象。

但到了3岁，仍然延续这种行为就不正常了。这时吮吸拇指，往往是缺乏爱抚、缺少同龄伙伴、身体不适、紧张焦虑等心理问题造成的。

此外，抠鼻孔、眨巴眼、耸肩膀、做怪相等都属不良习惯。

最近有专家提出偏食也应列为不良习惯，我觉得很有道理。有的孩子只吃荤菜，不喜蔬菜，或者特别厌恶某几种食品，这当然是不良习惯了，它会导致膳食不平衡等不良后果，影响到孩子的生长发育和健康。

4.品行障碍。

不要以为孩子太小就不存在品行问题，不良品行实际上折射出孩子心理发展不健全。

攻击性行为，严格地讲是指那些过度攻击性行为，就是品行障碍。

家长常常会教育孩子要懂礼貌，要与他人分享，要忍让。比如教孩子：“当别的小朋友不小心踩到你的脚了，他说了‘对不起’，你说什么啊？你应当回答‘没关系’。”

下面我说一个不正常的现象。我在武汉市一家幼儿园当嘉宾，观摩六一儿童节孩子的文艺表演。一个班跳舞时，前面一位小女孩不小心踩了后面的小男孩的脚，她立刻说“对不起”，她当时一定以为这个小男孩会说“没关系”的，谁知这个小男孩狠狠地踩了一下她的脚。

我注意到，这个女孩是考虑到台下那么多家长在看，没有表现出什么异常，照样跳下去。结果跳了一圈回到原来的地方，那男孩又过去再一次踩那女孩子的脚，这一下女孩忍不住哭了，告诉老师：“我不跳了，我踩了他一下，他踩我两下。”

这样的表现说明，那男孩存在心理问题。

还有幼儿残忍行为。小朋友都喜欢小动物，这是孩子的天性，但有个小朋友很特别，他捉到一只青蛙后，却用刀子将青蛙的肚子划开把肠子拉出来玩。

还有一些行为也是品行障碍：自私、偷窃、撒谎、逃学等（指6岁以上的孩子）；赌博、酗酒、早期性行为等（指小学高年级阶段的孩子）。

现代社会要求人们心理健康、人格健全，不仅智商要高，还要有良好的情商。那么在人生的初始阶段，就注意培养婴幼儿良好健全的心理，是一种极其重要的教育观念。其中最重要的是，作为施教者的年轻父母应努力调节好自己的心态，保持个性的完整与和谐，保持良好的人际关系，这样才能培养出心理健康的下一代，因为父母的榜样作用恐怕比说教和强制要有效得多。

十二、性格决定命运（上）
——婴幼儿良好性格的塑造

情商重于智商（即EQ＞IQ），这是20世纪90年代美国哈佛大学一位著名学者丹尼尔·戈尔曼提出的一个到现在都耳熟能详的公式。

广义的情商应包括除了智力和能力以外的全部心理因素，杰出人物的智商有高有低（当然也不会太低），但有一点完全可以肯定，他们的情商明显高于普通人。

有哪些心理因素影响情商的高低呢？

1.动机。

所谓动机，就是激励人的行动的原因。

婴幼儿如果有了良好动机的驱使，就会产生行为动力：如赞许动机，希望得到大人的表扬；亲和动机，希望得到父母对他们的爱；成就动机，希望行为会产生他所期待的效果等。激发孩子的动机无疑是高明的教育手段。

2.兴趣。

所谓兴趣,指对客观事物的特殊的认识倾向。

有一句话大家常常说:没有兴趣的教育是失败的教育。

那么,最理想的兴趣结构应是倒"T"字形。横线代表广泛兴趣,直线代表中心兴趣。一个孩子最好兴趣广泛,什么都喜欢,例如音乐、绘画、舞蹈、体育、阅读、游戏,甚至养花、集邮、收集标本等。在广泛兴趣的基础上,还要建立一至两项中心兴趣,比如特别喜欢绘画或特别喜欢运动等。

3.情感。

情感是指对客观事物产生的情绪态度和体验。

刚出生不久的婴儿还谈不上有情感,他只有情绪反应,一个是肯定情绪,一个是否定情绪。吃饱了喝足了,情绪好,产生笑的表情;肚子饿了,不舒服了,情绪不好,以哭声表达。家长应从逗引教育入手,一步一步培养孩子健康、丰富的情感,尤其是爱的情感。实践证明,健康、丰富的情感是孩子人格良性发展的基石。

4.意志。

意志是人自觉调整情绪以克服困难,达到目的的心理过程。

婴幼儿时期,培养意志的中心任务是发展对行为的自控能力,这包括相辅相成的两种能力:发动、坚持一种有目的性的行为和抑制、减弱一种虽然合意的但不符合社会要求的行为。

家长可以从以下几方面培养孩子的意志力:

(1)加强行为的目的性

例如,家长可以在地毯的一头放一只彩色的玩具,这对一个9个月的婴儿具有诱惑力,他想要爬过去获得它。当他达到目的时,内心产生的喜悦就是对意志有力的强化,使他产生了进一步行动的积极愿望,从而增加了行为的目的性、有意性。我每次辅导家长训练婴儿爬行时,总会强调在宝宝的前面放置一件他最喜爱的玩具,其中就有激起他爬行的目的性以达到锻炼意志的目的。

（2）鼓励独立性

在家中，应有孩子自己活动的“领地”，小床、玩具柜、图书柜、小桌等，有一句广告词说“我的地盘我做主”，让他在整理、收拾自己东西的过程中形成独立性。

（3）发展言语的调节机能

成人要鼓励孩子说出自己将要去做什么，也就是在行动之前，明确意识到行为的目的，从而运用第二信号系统对行为产生制约作用。

（4）培养行为规范

行为规范就是让儿童认识到什么可以做，什么不可以做，然后通过训练形成动力定型。所谓“国有国法，家有家规”，凡是意志力强的人，往往幼年时候“家有家规”。

5.气质。

气质就是我们所说的脾气。

气质是所有心理品质中最受遗传影响的，但也并不是绝对由父母气质类型决定，气质仍是先天和后天结合产生的。

幼儿气质类型分为五种：活跃型——精力旺盛、好动、易激动；专注型——注意力持久、坚持性强；抑制型——灵活性、适应性较差，但情绪稳定，注意力不易分散；均衡型——情绪基本稳定，注意力、适应性、灵活性均处中等；敏捷型——感受性强、反应快、注意力持久，主导心境是乐观积极的。

每种类型都有各自的优势，也有各自的弱点。如果父母的教养方式和子女气质发展之间有着良性循环关系，比如针对脾气暴躁的幼儿，父母采取温和和冷静的态度，那么，孩子气质表现会朝着良性方面发展。如果相反，那就会导致气质朝不良方面发展。

6.性格。

在所述几种心理因素中，性格无疑占据了核心位置，可以这样说：性格好了，动机、兴趣都能激发，情感也会健康发展，意志力会加强，气质也朝良好方面发展。

古希腊哲学家赫拉克利特有一句名言："一个人的性格其实就是一个人的命运。"从此，"性格即命运"成了千古以来不断传诵的名句，并为人们所信服。

什么是性格？

翻开词典和教科书，对关于什么是性格几乎没有歧义，只是语言表达方法不同而已。

《中国大百科全书》下的定义是："人对现实的态度和行为方式中比较稳定的心理特征的总和。"

从这个定义可看出，性格的内涵可以概括为两大类：态度和稳定的行为方式。

其中态度包括：对现实的态度、对他人的态度、对集体和社会的态度、对自己的态度。

稳定的行为方式就是动力定型，说穿了，就是一个人的习惯化了的行为方式。

从这里可以看出，兴趣反映人活动的倾向，能力反映人活动的效率，而性格则反映人活动的内容和方向，它起到统帅的作用。

恩格斯在给斐·拉萨尔的信中说："我觉得一个人物的性格不仅表现在他做什么，而且表现在他怎样做。"其中"做什么"就是态度，"怎样做"就是行为方式。

然而，人的性格又是千差万别的。湖北人常说"人上一百，种种色色"，这个"种种色色"其实指的就是这种现象。

(1)性格理智特征的差别

有的人看问题全面客观，有的人主观武断；有的人勤于思索，有的人是思想懒汉；有的人做事仔细认真，有的人粗枝大叶。

(2)性格情绪特征的差别

有的人情绪强烈不善控制,有的人平静温和善于自制;有的人主导心境乐观向上、豁达大度,有的人则抑郁寡欢、多愁善感。

(3)性格意志特征的差别

有的人做事坚韧不拔,有的人则半途而废;有的人很有主见,有独立性,有的人则易受暗示,依赖性强。

(4)性格态度特征的差别

有的人正直诚实,待人热情具有同情心,有的人则虚假做作,待人冷淡无情;有的人落落大方,有的人畏首畏尾;有的人富于创造,有的人墨守成规;有的人朴素和谦虚,有的人奢侈和骄傲。

最后的两点绝非多余:

第一,性格是后天形成的;

第二,性格在人生早期尤其是3岁以前就奠定了基础。

关于第二点,我摘录《环球时报》2003年9月2日的一篇文章,加以印证。

三岁看大的证据

1980年,卡斯比教授同伦敦国王学院的精神病学家对1 000名3岁幼儿进行了面试,根据面试结果,这些幼儿被分为充满自信、良好适应、沉默寡言、自我约束和坐立不安五大类。

2003年,也就是当他们26岁时,卡斯比等精神病学家再次与他们进行了面谈,并且对他们的朋友和亲戚进行了调查,结果如下:

当年被认为“充满自信”的幼儿占28%。小时候他们十分活泼和热心,为外向型性格。成年后,他们开朗、坚强、果断、领导欲较强。

40%的幼儿被归为“良好适应”类。当年他们就表现得自信、自制,不容易心烦意乱。到了26岁时,他们的性格依然如此。

当年被列入“沉默寡言”类的幼儿占8%，是比例最低的一类。如今，他们要比一般人更倾向于隐瞒自己的感情，不愿意去影响他人，不敢从事任何可能导致受伤的事情。

10%的幼儿被列入“坐立不安”类，主要表现为行为消极、注意力分散等。如今，与其他人相比，这些人更容易苦恼和愤怒。熟悉他们的人对其评价多为：不现实、心胸狭窄、容易紧张和产生对抗情绪。

还有14%的“自我约束”型幼儿长大后的性格也和小时候一样。

卡斯比教授指出：父母和幼儿园教师务必认真对待小孩子的所作所为。

因此，家长和教师要重视孩子幼儿时期各方面的发展，要将幼儿教育放在重要位置。

良好性格对于孩子成长具有重大意义。

居里夫人在发现镭的前四年，写下这样几句性格鲜明的话：“我们的生活都不容易，但那有什么关系，我们必须有恒心，尤其是要有自信力！我们必须相信我们的天赋是要用来做某些事情的，无论代价多么大，这种事情必须做到。”就是这种坚强的性格促成了她的成功。她是两次并且母女两代同获得诺贝尔奖的伟大女性。在同样的社会环境和条件下，人的心境和态度总是有很大差别的。我们不可能给孩子安排一个尽善尽美的顺境，但是我们可以帮助他们形成良好的性格，让他们能追随崇高理想，去适应环境，改造环境，最终获得成功。

所以，良好性格是孩子今后事业成功的保证。

只有正直诚实、爱憎分明、勤劳善良、富于同情心、热情关心他人的人，才有可能树立崇高的理想信念，才能自觉遵守和维护现实社会的道德准则。相反，一个懒惰自私、对人缺乏同情心的人很难有良好的道德观念。

所以，良好性格是孩子具备良好道德的基础。

什么是幸福？有人说有钱就是幸福。这话不对，幸福是一个人的感受，把同一件事搁在两个性格不同的人身上，也许一个感到幸福，一个感到不幸。

一个性格豁达、乐观向上的人，遇到困难，会战胜困难，遇到逆境，会战胜逆境，最后赢得胜利，赢得幸福。

北宋著名文学家苏东坡因“乌台诗案”以莫须有的罪名下了大狱，后又被贬到湖北的黄州。面对人生中的挫折，苏东坡却以洒脱的情怀，写下了千古杰作《念奴娇·赤壁怀古》和前后两篇《赤壁赋》，表现出一种气概、一种豪情，这就是性格决定命运的写照。

所以，良好性格是人生幸福的前提。

快乐、安静、好奇、专注等良好的特质极有利于开展智力活动，拥有这种态度和活动方式的孩子注意力持久、观察细致入微、思维积极敏捷、记忆牢固、想象丰富、有浓厚的学习兴趣，相反，缺乏这些性格品质的孩子，智慧活动的效率是极低的。

所以，良好性格是孩子智力发展的条件。

综上所述，我们可以得出一个结论，性格品质养成的重要性超过了智力开发活动。做人和成才相比，做人更重要；情商和智商相比，情商要放在首位。

十三、性格决定命运（下）
——婴幼儿良好性格的塑造

性格包含的内容十分宽泛，《牛津英语词典》有关人的性格的词条高达三千多条 。那么，我们如何抓住主要的性格要素，着重培养，是一个很重要的课题。因为抓住了主要的性格进行培养，就会达到“纲举目张”的效果，其他性格方面的问题就可以迎刃而解了。

我们曾为武汉市一万五千多个儿童建立了追踪档案，并对其中近一千个家庭进行不定期家访和调查。我们认为，以下几个方面是婴幼儿需要着重培养的性格品质。

1. 浓厚的探索兴趣，旺盛的求知欲。

当您发现您的孩子喋喋不休地向您提些似乎与孩子毫不相干的问题，或者对一个问题“打破砂锅问到底”的时候，我祝贺您，您身边这个孩子说不定今后会成为下一个爱迪生。

可有些家长却不以为然，他们在不经意中将这种难能可贵的品质给打压下去。

在一次家长会议上，有位母亲诉苦说：“我在厨房里炒菜，我那儿子在旁边不停地问‘妈妈，天上的星星为什么不掉下来呀’，我这么忙，他怎么就视而不见？”这位妈妈没好气地对孩子说：“你管得着吗？”

这实在是太可惜了，我要是这位妈妈，我会放下手上的活计，认真地告诉他天上的星星为什么不会掉下来。因为好奇心、求知欲是孩子难能可贵的性格品质。

在调查中我们欣喜地发现，有个孩子在他 2—3 岁玩看图识字卡时，已不满足于仅仅只是看图，他借助图画认识了百余字。不满足于听听故事，他要家长逐字逐句地给他念小人书。到了 3 岁多，他自己开始大量阅读科学幻想、历史故事、儿童文学、少儿科普等各个种类的图书，如饥似渴，无所不看。他外祖父告诉我们，这个孩子 5 岁半时已读过 488 本书。

有些孩子较早表现出对数的特别兴趣，2 岁半时玩算术棋，不是只拿算术棋当积木搭着玩，他们会把算术棋上的数字拼起来认读和计算。

有些孩子很小就对大自然产生浓厚兴趣，有个 4 岁的小女孩有一段时间经常去植物园、动物园，她不满足于只看动植物长什么样，还去阅读旁边的“说明”，了解各种动植物的产地、习性等。（据她母亲说，这女孩 3

岁1个月就开始阅读了。)

婴儿从漆黑无声的母腹内突然降生到这五光十色的大千世界,他有一种探求反射的本能:要听声音,要看光线和颜色,要触摸各种东西。听多了,见多了,就产生印象,并记到脑海中,到了学会说话以后,孩子就能表达,有了思维,自然就会提问。

苏联教育家马卡连柯说过,2岁到5岁的孩子是世界上最喜欢钻研的人,他们提出的问题,是他们不知疲倦的大脑必不可少的需要所激发的,并帮助他们快速理解周围的一切。

孩子探求反射的本能就是人类的智本能,它是激发求知欲的天然基础,是智力发展的根本动力。有了这种本能,学习对他们来说已不再是一件苦差事了。

所以,家长要做的事是:引导孩子在生活游戏中提问题、想问题、回答问题、讨论问题,激起孩子的"智慧流"的浪花。

2.乐观向上的主导心境。

一个天真无邪的孩子,应始终保持乐观、快乐的心情,乐观向上是孩子必备的良好性格之一。有了这种朝气蓬勃的性格,他们才能保持旺盛的精力,才能探索求知,才能广交朋友,才能在今后的生活、工作、学习中立于不败之地。

不要因为现在生活条件改善了,很多家庭还是独生子女,大家就以为这一条不成问题。我们在调查中仍发现了一些令人遗憾的事情。

有一次我在武汉港务局作调查,有一个5岁的小女孩引起了我的重视。

这个小女孩进到我们测试室时,神态与其他孩子有异。别的小朋友进来都落落大方,有的甚至主动打招呼,跟老师问好。她进来时,畏首畏尾,老是往后面看。

我问她:"你看什么呀,小朋友?"

她嗫嚅着回答:"我妈妈在后面。"

这显然是幻觉，我们规定，测试时家长不能在场。

我们有一个问题是每个小孩都得回答的："有一天，你们家来了很多客人，他们又说又笑，想一想，那天是什么日子？"

这是一个开放性的问题，答案可以五花八门，但要符合情景。多数孩子毫不犹豫地回答"那天是我生日""那天过年""那天是六一儿童节"等等。

这个女孩的回答是独一无二的，她想了半天，蹦出这么一句话："那天居委会来调解……"

我顿感愕然，这事与居委会有什么关系？事后我从幼儿园老师那里得知，她的父母正在闹离婚，天天吵架。这种过分刺激幼儿的场景使得她平时沉默寡言、情绪低落、不合群，她认为家里来人就是来调解的。

还有一些家庭，死气沉沉，没有朝气。造成这种情况的原因很多，比如家庭成员患病甚至死亡、生活贫困等等。这些家庭的孩子没有幸福感，小小年纪就成了"小大人"，一脸的沧桑。

更值得注意的是，有些家庭也许没有上述变故，却采取错误的教育方法，如施压、暴力、冷漠等，同样给孩子带来阴影。孩子不快乐，不活泼，没有幸福感，更何谈保持乐观向上的心境。

3. 自信心是孩子的内驱力。

性格优秀的儿童有一个十分醒目的共同点，那就是充满自信。

人的自我意象，即在潜意识中的自我评价，是从婴幼儿时期就开始形成的，这种自己对自己的评价，自我形象的"自我鉴定"对孩子的成长起着举足轻重的作用。

有的孩子时刻感到自己很可爱，他认为：我很棒，爸爸妈妈喜欢我，爷爷奶奶喜欢我，我聪明，我长得漂亮，我爱学习，我今后是要干大事的。

如果孩子有了这样好的自我意象，其成才就有了最强大的内驱力，这种内在的力量将伴随他并对他的一生起到巨大的驱动作用。他会处处不甘于人后，自信能做得更好。

也有相反的情况，有的孩子自我意象很差，那是家长的消极暗示在起作用。有的家长当着孩子的面对邻居说："我这孩子可傻了，又不听话，我拿他没办法了……"久而久之，孩子潜意识中的自我评价是："我傻，我笨，我没出息，我爸爸昨天还告诉我，我长大只能是拖板车的料。"

有这样的自我意象，孩子还会有上进心吗？负面评价是使孩子心理受到伤害的"腐蚀剂"。

我们当然要提倡谦虚精神，这是人类的美德，但我们不建议对婴幼儿进行谦虚精神的教育。因为婴幼儿要"骄傲"，要自豪，要不甘于落后。关于谦虚精神的教育，我们可以等孩子上了小学，懂事了，再告诉他"天外有天，人外有人""你得虚心向别人学习"等。

4. 入定和静心是孩子必不可少的优良性格。

古人在教子中，特别强调要入定，要静心，即要形成静态活动的条件反射，因为大量的智能训练离不开静态活动的支持。

古代经典读物《大学》就开宗明义地指出："知止而后有定，定而后能静，静而后能安，安而后能虑，虑而后能得。"意思就是说，有了确定的志向，心才能宁静，心宁静了，然后性情才能安和，性情安和了，然后才能思虑，有了思虑才能处事得当，有所收获。

那么，婴幼儿能安静下来专注某一件事吗？当然可以。我们常常看到婴幼儿侧着脑袋，仰望天空做沉思状——他在想事嘛。

很多小孩，动态活动有余，静态活动不足，缺乏安静专注的品质，究其原因，是从小缺乏大人为他们营造的安静环境。

有一类家庭特别不利于孩子这种良好性格的培养，那就是过分热闹的家庭。

本来热闹并不是坏事，但过分了就不行。这类家庭，既不是逢年过节，也不是喜庆日子，天天都人来人往，今天一桌麻将，明天一桌酒席。孩子在这种氛围中，静不下心来，结果就会造成注意力分散，在任何事上都不能专注地投入，甚至表现出浮躁的情绪。

苏联著名儿童教育家苏霍姆林斯基说过，在一个有孩子的家庭里，一天24小时中，至少要有半小时是绝对安静的。这种安静，指的是家庭成员各做各的事，让孩子有时间自己静下心来做他所喜欢的事情，让孩子自主支配自己的时间、空间。这样孩子才有可能形成安静专注的良好习惯。

5.独立和创新是孩子自主意识萌发的表现。

西方发达国家的家长十分高兴自己的孩子能比其他同年龄的孩子更早地说出“不”“我不喜欢”之类的话。因为他们觉得自己的孩子应该很早就有主见，而“不”“我不喜欢”正是孩子自主意识提高的表现。而中国家庭的家长，在教育孩子时，使用频率最高的一个词却是“听话”。

独立是具有自主意识的孩子所应具备的性格之一。

当孩子能自己吃饭时，家长不要继续喂饭；当孩子能自己穿衣服时，家长不要大包大揽替他穿。须知，当孩子初具独立人格时，他更乐意自己动手。

创造性是当今社会对人才的核心要求，21世纪不欢迎墨守成规的人，不欢迎不敢越雷池一步的人，不欢迎步他人后尘的人。归根结底，创新意识应是现代家庭教育的重要课题，而创新意识应从婴幼儿抓起。

培养孩子的创新意识，不是指一定要让孩子长大了都去当发明家，而是要他们在今后的生活方式、思考方式中时时刻刻融进幼小时期父母早期教育赋予他们的创新意识。这样，即使孩子将来的成长是平凡的，但很可能会在关键时刻创造奇迹。这绝不是廉价的许诺，无数事实证明，由于创新意识的存在，他们会比同行做出更为显著的成绩来。

我们要鼓励孩子想人之所未想，做人之所未做，首先要鼓励他“异想天开”。

我们在幼儿园举办“异想天开”的主题活动，让孩子们想到什么就说什么。

有一个小男孩说：“老师，我异想天开，我要发明一个杯子。”

我有点失望,心想,这杯子还能有什么意想不到的设计,但还是说:“那好,谈谈你的异想天开。”

“我设计的杯子与您喝茶时的杯子不一样,您喝茶的杯子口是平的,我的杯子口是斜的。”

“为什么杯子口是斜的?”

“因为我是为老外设计的。”

“老外为什么要喝斜口的杯子?”

“老师真笨,老外的鼻子比我们高呗!”

我当时惊讶得说不出话来,这不过是一个四五岁的小男孩,居然想出了“斜口杯”,我预计他沿着这条道路走下去,一定会有成果出现的。

6. 善良和爱心是性格中最美好的方面,也是情感教育的核心。

善良和爱心是孩子性格中最美好的方面。教育孩子有爱心,应从孩子爱妈妈开始,因为人类的情感和信仰的源头是母爱,人类缺乏母爱,在茫茫的宇宙中将无立足之地。在培养孩子对妈妈的爱的基础上,继而培养他们爱周围的人,等上了幼儿园他们会爱老师,爱同学,最后才是爱祖国,爱人民,爱我中华民族,这就是教育的阶段性。

我读过李跃儿的一些书,她是一位了不起的幼儿教育专家。她曾说:“爱不是教育的一部分,而是教育的前提。教育必须在爱的基础上建立,少了爱就无法实施教育。”

我读了以后沉思良久,以前我总是把爱的教育作为教育的一部分对待,其实,爱对教育的意义,就像光一样,始终照耀着教育的全过程,爱就像空气、水,在我们生活中须臾不可离开。

我们同样可以这样理解:如果没有爱的教育,良好性格的养成教育将成为无源之水、无本之木。

在我们的追踪对象当中,有一个女孩的事迹十分突出。

她是一个十分聪明的孩子,但又是一个十分不幸的孩子。她在 8 岁以前,有 6 年的时间是在医院里度过的(59 次进医院抢救),父母(尤其是她母亲,一位京剧演员)为了减轻她的痛苦,甚至为了转移她的视线,开展了大量的早期教育工作。可以说她因祸得福,在病床上充分接受了各种良好的教育。她3周岁时就能说出一个完整的故事,7岁开始写诗(她父亲是河北省著名作家,曾把对她的教育叫作“诗教”,并以此为名写出了一本书),9岁就出版了两本诗集,成为中国最小的诗人,她的诗集还被翻译成多种外文,并多次获得国际的奖项。

母亲的爱心教育,犹如“随风潜入夜,润物细无声”的春雨,滋润着女孩幼小的心灵,加上医生的关爱、护士的呵护,使她成长为一个富有爱心、同情心,关心他人的人,并坚强地与病魔搏斗。

8岁那一年她的病完全根治了,全家人欢天喜地地把她接回家中,做的第一件事居然是量身高。

事后我曾问过她母亲,为什么一回家就量身高。

她母亲说:“我的女儿长到了8岁,至今长多高,我做母亲的竟然不知道!”因为女孩常年是躺着的。

在量身高的时候,女孩猛然发现母亲的头发里出现了白发。她摘了一根白发下来,惊讶地问:“妈,您怎么长白头发了?”

一提白头发,这位36岁的母亲百感交集,为人父母者可以设身处地地想一想,当您也面对如此多灾多难的女儿时,难道不会早生华发吗?

但母爱的伟大正在于此,母亲轻描淡写地说:“没事,人到一定岁数都会长白头发的。”

可女孩是何等聪明的孩子!她的笑容一下子凝固了,她默默地回到自己的书房,把这根白发放在书桌上,久久地不说话。

当天晚上,她写了一首诗献给她的妈妈:

妈妈的头发

妈妈的头发,墨黑墨黑。

妈妈的头发,很美很美。

我长大了，我发现了，
妈妈的黑发哪里去了？
妈妈挤干了里面的墨汁，
妈妈挤尽了里面的智慧，
写下一个大大的“爱”字，
印在女儿的心扉。

这是一种真诚、执着的爱，这种爱将伴随女孩成长，这种爱将是她人格力量和精神信仰的源头。

那么，怎样塑造婴幼儿良好的性格品质？

1.建立良好的亲子关系。

婴幼儿优良性格形成的第一要素，是有一个良好的亲子关系，这是核心力量、基本阵地。亲子关系是孩子在生命的初始阶段必不可少的、无可替代的第一人际关系。

建立良好的亲子关系必须做到以下两点，第一个点是给孩子最大的安慰、温暖和快乐。

这一条估计大多数家庭都可以做到。我们要让孩子感受到：父母是他坚强的后盾，他的一切幸福能从父母那里得到。有了这个基础，这孩子“底气十足”，做什么事情都能堂堂正正。

第二点未必所有家庭都可以做到，那就是对孩子抱有理想和期待，给予孩子最大的信任、最多的积极暗示。

对孩子抱有理想和期待，父母就会有美好的向往、高尚的追求、行动的力量、不灭的信心。您将会千方百计创造条件、研究方法、持之以恒地引导孩子一步一步走上成功之路。任何挫折和失败都不会使您心灰意冷，无论怎样繁忙也不会忘记神圣的天职。

更重要的是，您的这种美好的期待，还会时刻流露出来，表现为对孩子充满信心：看到他的进步您由衷地感到高兴，看到孩子的缺点错误时，也会采取积极的态度,先鼓励后指出,深信孩子能及时纠正……这些思想感情会奇妙地流进孩子的心田,给孩子以不断进取的力量和信心,并且使他感到幸福。

我曾拜访过北京的一位心理学家,他专门从事高中生的心理研究,曾对全国108位高考状元进行过详细的调查。他对我说,很多孩子他都面谈过,其中有一个共同点值得注意,即这些孩子在回忆小时候的情景时,都说过他们很早就意识到父母对他们的期待。他们感受到这种期待,并不觉得有什么不好,相反,他们都觉得有一股力量在支持着他们,他们感到幸福。

所以,父母要彻底排除孩子的好坏是天生的这种天命观,和家庭文化底子低而无法培养高素质人才等思想的影响,根除一切无可奈何的情绪,坚信任何孩子只要教育引导得法,都能成为出类拔萃的人才。

我们要发掘孩子的每一点积极因素,流露出对孩子的期待和信任。当与亲戚、朋友、老师、邻居闲谈时,要自然地表达出对孩子的积极正面的评价。而当孩子表现不好时,我们仍要采取积极暗示的做法。

我们幼儿园有个孩子哭闹任性,不肯上幼儿园,做任何事都半途而废。他的父亲是个海员,经常出差,由母亲管日常生活。有一次父亲出差回来,母亲开始了对上述"坏事"的唠叨,孩子耷拉着脑袋准备接受"惩罚"。

父亲听完"告状"后并没有骂孩子,而是认真地对妻子说(其实也是有意说给孩子听的):"这孩子优点还是有些的,他会讲故事,爱画画,你刚才说他有一次还帮你洗菜了,这可了不起了。当然,你也说了他的缺点,哭闹、不上幼儿园,但我相信他能改正,说不定还会超过其他小朋友哩。就像赛跑,跑在后面的运动员,还能冲到前面去得冠军哩!"

一旁的孩子听到这一番话,顿时产生了改正缺点的愿望,一下子又活跃了起来。这孩子很快就有了进步,过了半个月后,我问他妈妈,他妈妈说这孩子明显变样了!

最后，我们希望废除“打骂教育”，也不要羞辱孩子。

有人主张可不可以冷静地“斥责”，这真是个滑稽的说法，如果您能冷静下来，也就不会斥责孩子了。无论打骂还是斥责孩子都是强者对弱者的欺凌。有一种研究认为，受到双亲欺凌的孩子，最终会走向欺凌他人的道路。

2.建立良好的家庭环境。

“人是环境之子”，什么样的家庭环境造就什么样性格的人。

首先，一个有良好道德环境的家庭，和谐的气氛笼罩着他们。夫妻的恩爱，对孩子的责任感，对国家、民族、美好未来的憧憬，对邻居的友善，对朋友的忠诚，这一切都是对孩子的教育。

设想一下，我们教育孩子不要自私，自己却贪小便宜，教育孩子尊老爱幼，自己却在公共汽车上抢座位，这样孩子会有好的性格品质和道德修养吗？

其次，一个有良好智育环境的家庭，家长爱学习，爱讨论问题，并能启发孩子提问和思考，参与和指导孩子游戏，开展丰富多样、活泼有趣的家庭活动，把家庭变为学校，把生活变为课堂，随时随地教孩子，尤其是能耐心回答孩子的提问。从这样的家庭出来的孩子在性格方面一定表现出好奇求知、安静专注的优良品质。

与充满学习氛围的家庭相反，我们痛心地看到，一些年轻的父母成天打麻将，自己不学无术却要求孩子上进。我记得网上有一则笑话，虽然是杜撰的，但很有教育意义。

一位老师家访，正好学生的父母都在，老师向父母提出意见，希望父母关注孩子的学习。

老师说：“今天上午我问您的孩子一个问题，他的答案让我吃惊。我问他：‘明明，你知道圆明园是谁烧的？’您的孩子说：‘老师，圆明园不是我烧的！’”

孩子的妈妈立即打断老师的话说："等一等，老师，我的孩子虽然毛病很多，但他从不撒谎。他说不是他烧的，那肯定不是他烧的。"

老师正想解释，孩子的爸爸所说的一句话让她愕然："哎呀，烧了就烧了吧，烧了我们赔就是。"

试想，这样的家庭能培养出求知上进的孩子吗？

最后，一个有良好美育环境的家庭懂得用人类艺术的精品对孩子进行灵性启蒙。家里布置得温馨，色调搭配和谐，整洁美观，家里有音乐，还经常带孩子去美术馆、博物馆参观，去大自然中领略湖光山色，家庭成员懂一点琴棋书画……从这样的家庭出来的孩子，有教养、有礼貌，待人接物都有很好的礼仪和风范。他们有灵性，思想感情更丰富，性格方面显然会更完善。

3. 要科学地爱孩子。

前面提到"爱的教育"在早期教育中无处不在、无时不有，是教育的前提(李跃儿语)，但"爱"一定要科学。

有人会反驳说，难道还有不科学的爱吗？

还真有不科学的爱，溺爱就是不科学的爱。

从本质上讲，影响孩子性格最重要的因素就是父母对孩子的爱，但如果我们的爱采取不正确的态度和方法，是很容易产生溺爱的。

翻开词典查一查"溺"字："溺者，淹毙也。"我们是否可以这样演绎："溺爱者，淹毙良好性格也。"

常见的溺爱现象有以下几种。

(1) 在家庭中，孩子成了特殊的一员，成了特殊照顾的对象

吃独食，过独生日，一切以孩子为中心，这种做法扩大和强化了他的自我中心意识，他会变得自私和缺乏同情心。

在 20 世纪 80 年代有一个论点，说由于中国独生子女政策，一般家庭

都有“四二一综合征”，即四个老人，一对父母，最后那个“一”就是指处在宝塔尖上的“小皇帝”。

对于这个论点，我并不完全认同，但这种现象的确出现在很多家庭中。

正确的做法应是把孩子从宝塔尖上拉下来，变成家庭中普通的一员。以吃东西为例，要教育孩子学会与人分享，古代的孔融能让梨，我们姑且不要孩子“让”，分享总该可以吧。

“小皇帝”的特殊地位使得孩子习惯于大人围着他转，造成过度保护、过度关注。比如家里来了客人，就把孩子围在中心百般赞扬，然后叫他表演节目。长此以往，他变得骄气十足，没有礼貌，“人来疯”。正确的做法是，不把孩子当作中心人物，客人来了，教孩子懂礼貌，节目能表演就表演，不愿表演就算了，一切自然进行。

(2) 对孩子的要求有求必应

轻易地满足孩子的要求无疑助长了他毫无忍耐性、大手大脚、不珍惜物品、讲究物质享受的坏性格。

正确的方法应该是，对孩子不合理的要求从一开始就予以拒绝，要敢于说“不”，我们把这戏称“维生素 N”，这对孩子来说并不痛苦。对孩子合理的要求，不要马上满足，比如孩子对妈妈说：“妈妈，我想买个写字板。”这个要求很合理，但妈妈不应该立马就去买，而是卖关子，说：“可以，但是我也有个条件，等你表现好了，挂了三朵大红花，妈妈再给你买。”

为什么要卖关子？心理学有个名词叫延迟满足。人的一生，会经历无数次的等待和忍耐，孩子为什么就不能等待，孩子为什么就不能忍耐？况且通过努力得到的东西，他将视如珍宝，这正可以培养他不乱花钱的好习惯。

(3) 教育不是引导、启发，而是乞求

孩子吃饭时要说好话，“乖乖，吃一点吧”；孩子不是自然入睡，而是哄他，答应这答应那，求他睡觉；孩子要吃药了，也是好话说一大堆；孩子表演节目忸怩作态，大人只好央求他："宝宝，给爸爸一个面子吧，客人都等着哩，你表演了，我给巧克力……"

这种教育方式，注定要失败。

正确的方法是告诉孩子，吃饭、睡觉、吃药都是必须的，而家长的语气应该坚定，没有商量的余地。孩子表演节目时如果再三忸怩，家长便可以停止，不必去央求他。当然，事前事后都应说明情况，并对他做到的事予以肯定和表扬。

有的家长向我抱怨："我的话，他总听不进去，可幼儿园老师的话却像'圣旨'一样，我可是他的亲妈呀！"

我的回答很简单："请问，幼儿园的老师乞求过您的孩子吗？"

(4)生活懒散而无序

良好的习惯是养成良好性格的最好的前提条件。有的孩子无一定之规，坐没坐相，站没站相，贪玩不睡，贪睡不起，这样下去，孩子缺乏上进心，缺乏朝气，做事容易半途而废。

有个孩子叫爸爸讲故事，可他的腿却跷在凳子上，爸爸立刻说："要听故事可以，你看我坐好了，那你也坐好。"于是孩子立即坐正了听爸爸讲故事。

有一个姓田的小朋友，有一次在家里看电视，全家人都兴致勃勃地围在电视机旁，因为那天有一个十分精彩的晚会在直播。她的妈妈有个规定，每天晚上8点半，女儿必须上楼睡觉，雷打不动。这天晚上女孩可高兴了，有这么好的节目看，估计妈妈会破例的。她一边看电视，一边偷偷地看妈妈。

妈妈此时的确有些犹豫，难得看到这么精彩的节目，就破一次例吧，但转而一想，不行！今天破了规矩，那以后可怎么教育孩子，到了晚上8点半，妈妈毅然关上电视。

女孩一边上楼，一边悻悻地说"8点半啰，该睡觉啰"，眼睛却瞟着妈妈,希望妈妈改变主意。但当她看到妈妈那坚定的表情时,就知道没有希望了,于是上楼睡觉去了。

(5)独立性和劳动观念缺失

在一次座谈会上,有位家长说:"我就一个宝贝疙瘩,疼都疼不过来,我不忍心让他劳动。"这是一个认识误区,这样的认识使得孩子不会做任何家务了,甚至力所能及的自我服务性的劳动如穿衣服、端饭碗都不会。恰好是这种"疼爱",导致孩子缺乏勤劳、能干、自信的性格。

联合国教科文组织国际21世纪教育委员会提出教育的四大支柱:学会认知、学会做事、学会共同生活、学会生存。这四个"学会"中,就包括学会做事。

其实,孩子热衷于做事,正是他独立性的具体表现,孩子在劳动中找到了乐趣,找到了自我,也找到了独立人格。

(6) 小病大惊,导致勇敢精神的缺乏

小孩难免有些头疼脑热,在活动中也难免擦破皮甚至流血,父母却表现出过度紧张、惊慌失措的神情,甚至全家总动员,闹得人心惶惶。孩子本来就没什么,一看大人的表情,于是"哇"地大哭起来,仿佛天要塌下来了。

结果,这样的做法,把孩子的勇气给浇灭了。

所以,家长在病痛面前,一定要沉着镇定,给孩子做出表率,即使遇到大病大痛,也需要沉着镇定,切忌造成孩子懦弱胆小的性格。

(7) 以哭闹为武器要挟大人

有的孩子要求没得到满足,或遇到不顺心的事,往往大哭大闹,在地上打滚,许多家长就举手投降,一切依从孩子。

这种做法是教育无能的表现。

孩子的这个"武器"的确够厉害,但我们分析一下,此时孩子痛苦吗?不,他一点也不痛苦,他一面用手捂着脸哭,一面从手指缝里窥视家长如何对待他。

正确的做法应是忽略他，甚至掉头就走，他一看对象都走了，还哭个什么？不仅当时要冷处理，为了给孩子留下深刻的印象，家长不妨冷淡对待他一段时间，孩子看到家长真的生气了就害怕了。

因为孩子天不怕地不怕，就怕爸爸妈妈不爱他，看到这种冷淡的态度，他会产生哭闹无用的结论。今天无用，明天无用，将来永远无用，那他只有不哭不闹一条路可走了。一般情况下，事后家长仍应告诉孩子，要达到目的哭闹是不行的，这样，孩子开始明理，开始控制自己了。

（8）家庭成员意见不一致导致孩子无所适从，或寻找“保护伞”

家庭一致性原则必须遵守，不要一个红脸，一个白脸，这样的做法达不到教育的效果，反而让孩子无所适从，缺乏是非感。

例如，孩子有错误，爸爸来管教时，妈妈出面阻挠；当父母来管教时，爷爷奶奶出面袒护；当幼儿园老师指出孩子缺点时，父母当面反驳：我的孩子不会那样！

这都是造成孩子缺乏是非感的错误行为，他甚至会很快看出家中谁在护着他。于是一做错事，便跑到“保护伞”那里寻找庇护，比如找奶奶，让父母无从下手进行教育。

凡此种种，都不利于孩子良好性格的形成。

还有另一种情况，万一判断错误，冤枉了孩子，家长需要向他道歉吗？

回答是不需要，应该“维持原判”。因为这个阶段，孩子的是非判断能力仍欠缺，他会误解，以为下次也会管教后再道歉。但是等到上小学以后，就不能运用这个原则了，他懂事了。

4.在游戏中塑造良好性格。

有人以为游戏就是玩，其实游戏有两大功能，一是开发智力，一是培养良好的性格。

游戏是孩子的天性，但游戏不仅仅是为了快乐。实践证明，会游戏的孩子不仅聪明，而且性格好。因此，游戏对孩子今后的发展有很大的影响，这绝不是言过其实。

不少人一定知道朱元璋小时候的故事。他在幼年时给财主家放牛，一大群放牛娃空闲时就在一起做游戏。当时在野外，穷孩子玩的无非是"大将军打仗""官兵捉强盗"之类的游戏。朱元璋对此兴趣浓厚，又肯动脑筋。于是每次游戏他总是被推为首领、将军，就是一些稍大的孩子也甘心让他"指挥"。他会玩而且聪明，又胆大包天，还经常组织他的"士卒"与邻村邻乡的娃儿们进行"战斗"，在这类游戏中这位放牛娃便脱颖而出。朱元璋长大后纵横天下，最后创建了大明王朝，应与他儿时的游戏有密切关系。

孩子的游戏家长若能指导和参与，便可提高游戏的效率，使教育内容游戏化，生活游戏目的化，从而达到很好的效果。

以下四类游戏对孩子优良性格的培养有很大裨益。

（1）创造性游戏

这类游戏的目的是要利用孩子喜欢模仿的特点，让孩子在模仿的基础上将游戏的本质内容创造性地反映出来。

就拿搭积木来说，不少家长要求孩子按说明书图样上的要求搭建，不可越雷池一步，这就抑制了孩子的创造性。聪明的家长应当鼓励孩子在观察各种建筑物的基础上进行"创造"，搭建一个图样上没有的建筑，以激发孩子的创造意识。

（2）活动性游戏

也叫体育性游戏，这类游戏对锻炼孩子的意志力很有帮助。

单纯的体育锻炼比较单调，幼儿尤其是小女孩不太感兴趣，因此可以采取竞赛的方式如"抓特务""捉迷藏""突破封锁线"或分组比赛的形式，如能在竞赛中加一些情节性的内容，会受幼儿欢迎。

（3）知识性游戏

知识性游戏的种类有很多，例如：用玻璃棒、丝绸、彩色纸屑做摩擦生电的游戏，用个磁铁去吸引别针等铁制品做吸铁石的游戏。

这些游戏能极大地调动孩子求知的欲望，对发展他们的探索精神很有意义。

(4) 心理游戏

又叫角色游戏，这类游戏有很强的社会性，俗称“过家家”。

几个孩子一起玩，由一个较有威信的孩子做“导演”：小勇演爸爸，丽丽演妈妈，小芳做女儿，而“导演”兼扮老师。在这类游戏中，孩子暂时脱离自我，享受和体会到充当其他人的感受，比如老师和家长的“威严”。孩子完全展开想象的翅膀，情节随意展开，人物随意塑造，虽然这些情节和人物脱离不了对他们自身生活的重复和模仿，但其中展现了孩子的主动性、创造性和对社会的责任感。

家长能参与进去则更好。对于一个胆小的孩子，可以叫他做一名勇敢的侦察兵，去克服重重困难完成任务；对于一个懒惰的孩子，应该让他表演一下勤劳的母亲；对于缺乏责任心的孩子，则让他去扮演一个坚守岗位的哨兵；等等。

令人遗憾的是这类以前在家中经常可以看到的儿童游戏，由于“高楼综合征”在现在变得罕见了，我们希望家长能在社区里与邻里之间补上这一课。

请家长记住马卡连柯的一段话：“游戏在儿童生活中具有极其重要的意义，具有与成年人活动、工作和服务同样重要的意义。儿童在游戏中怎么样，当儿童长大的时候，他在许多方面的工作也会怎么样。因此，未来活动家的教育，首先要从游戏中开始。”

第三篇　操作篇

一、第一阶段　婴儿期(0—1 岁)

二、第二阶段　先学前期(1—3 岁)

三、第三阶段　学前期(3—6 岁)

这一个篇章里，我将分几个阶段，向年轻的父母讲述在实施早期教育时应该掌握的具体操作方法。因为涉及的内容很多，所以我们选择其中有代表性的、重要的操作方法进行详细的讲解。

这些操作分为以下三个阶段：

第一阶段　婴儿期（0－1岁）

第二阶段　先学前期（1－3岁）

第三阶段　学前期（3－6岁）

第一阶段将以一个月为单元进行介绍，第二阶段将以两个月或三个月为单元进行介绍，第三个阶段将以年为单元进行介绍。

这些操作方法，大致由以下几个方面组成：大动作能力训练（主要是肢体方面的动作训练）、精细动作训练（其中手指的动作最重要）、言语训练、认知训练，还有社会活动训练以及生活自理能力训练等。有些操作方法往往并不是单一的，而是两种或两种以上能力训练的结合。所以，我们并不一一列出这项活动属于什么项目的训练，而是强调这项训练能给孩子带来什么裨益，以及它为什么重要。所以，请一定关注“专家点评”的表述内容。

婴幼儿是游戏的天才，自他呱呱落地之日起，他就开始自发地游戏，可以这样说，游戏是他们向周围环境学习的一种最有效的手段。这个操作篇就是旨在让家长正确引导并启发婴幼儿进行智能游戏，从而促进他们感知能力、语言能力、思维能力以及社会交往能力、想象力等的提高。

一、第一阶段　婴儿期(0—1岁)

0—1个月

新生儿有惊人的能力,他的视觉、听觉开始萌发,同时,触觉、味觉和嗅觉均开始启动并具有灵敏的感受力。新生儿的运动本来就十分了不得,他还开始学会模仿了。

(一)视听定向和追视反应

将色彩鲜艳并带响声的玩具边摇边慢慢地左右平行移动,使宝宝的视线也随着玩具的移动而移动。注意,玩具与宝宝脸部的距离以20厘米为宜,因为新生儿都是近视眼。还可以这样做,当宝宝近距离看您的脸的时候,用事先早就准备好的名字呼唤他,并同样移动您的脸,宝宝也会随着您的脸和声音移动。

【专家点评】:追视反应其实是婴儿一种本能的反射动作,但这种视听定向具有特殊意义:

1. 婴儿的运动规律是从上到下、从里向外的,视听定向正好能够使宝宝颈部开始练习运动;

2. 这种定向活动是新生儿发展注意力的开端;

3. 能初步筛查宝宝是否有先天性视听障碍,一旦发现异常,应及早干预和就医,这样治疗的效果最好。

我们多次提到"条件反射"这个词,在此说明一下:条件反射是在非条件反射的基础上,通过实践,在后天逐步形成和完善的一类反射。条件反射虽源于非条件反射，但因有大脑皮质的参与，所以更高级和更具适应性。

以追视反应为例，它是非条件反射，但由于不断刺激，婴儿对外部事物产生主动探索，并注视周围新奇的事物，婴儿的大脑皮质随之将这些具体事物的声、光、颜色、机械刺激等转变为产生某种生理活动的信号，从而形成条件反射。

（二）早笑的孩子聪明

尽早地逗引孩子笑，让宝宝以笑来回应。通常在出生后10—20天宝宝学会笑，但如果父母有意识地逗孩子笑，可以使他提前笑。

【专家点评】：笑是人类特有的功能，不能忽视，因为1个半月后仍不会笑的婴儿有可能是因为智力低下。同时，笑可以理解为宝宝的第一次社交，具有积极的意义。一般来说，早笑的孩子语言发展也会早一些。

（三）被动操

把宝宝放在铺有垫子的硬板床上，双手轻握宝宝的手和脚，最好伴有节奏明快的乐曲，然后做四肢运动。

为了锻炼宝宝颈部的肌肉，可以将宝宝竖着抱，使头稍竖立，注意不要影响宝宝的呼吸。为了安全起见，一只手轻轻托一下头部，竖着抱的动作不应长时间多次进行，每天两三次，每次几分钟即可。

【专家点评】：运动能力与智能发展是密切相关的，被动操实际上是可以反过来刺激大脑的指挥系统使之正常工作，而抬头则是大动作能力训练的第一课。

（四）多与宝宝说话

每当与宝宝交流时，一定不要忘记和宝宝说话，如："宝宝，饿了吧，妈妈给你喂奶了！""宝宝，我在给你做早操呢！"等等。宝宝哭闹时，可以用言语安抚他，总之，要把新生儿当作懂事的孩子来对待。

【专家点评】：千万不要小看这种行为，其实，您的语言是一种十分有益的刺激，尤其能使他感到愉悦。人的大脑里有一个获得语言装置，这个装置使得婴儿对人的声音，尤其是母亲的声音十分敏感。语言将在他的大脑里产生痕迹，并在以后发挥巨大作用。总之，要多与宝宝说话，没话找话。

语言的发生和发展是人类演进的产物，是人脑的高级功能。婴儿的语言发展一定离不开语言环境，离不开会说话的人，这个语言环境就是成人和婴儿共同构建的相互交往的情境。所以，让宝宝语言能力提高的第一要义很简单：多与宝宝说话！

（五）排便行为的训练

宝宝出生15天后，便实行"三定"排便，即定时间、定地点、定护理人，并且用固定的声音表示，如小便时用"嘘"，大便时用"嗯"，以形成婴儿的条件反射。每天如此，满月以后宝宝就懂得大小便了。

【专家点评】：不自觉排便会形成排泄障碍，对婴儿来说是一种神经功能障碍，一般到5周岁仍会不自觉排便才算排泄障碍。但家长不要以为我们到5岁时再来训练他，而应该从出生以后半个月即开始训练。只要您有耐心，这种条件反射就会建立，从而婴儿从很小的时候就不会白天尿裤，晚上尿床了。

2个月

2个月的婴儿能抬头45度,甚至能发2—3个元音,会发笑,会吞咽,高兴时四肢舞动,手在胸前时自己看手玩。

(一)俯卧抬头

在宝宝空腹的情况下,让他俯卧在平坦的床面上,把他的双手放在头的两侧,然后家长用拨浪鼓之类的玩具逗引他,激发他抬头。每天练习2—3次,开始时练习的时间不宜太长,慢慢可以适当延长一些时间。最后,他可以抬头到90度!

【专家点评】:这种俯卧抬头的练习不仅锻炼了婴儿颈部和背部肌肉的力量,而且有助于增加婴儿的肺活量。宝宝的头部抬起来,视角突然改变,这会极大地激发他的探索欲望。

(二)手足运动

双手轻握宝宝的手和脚,和着音乐节奏运动四肢,给宝宝做四肢被动操。做完操后,双手托在宝宝的腋下,用两个大拇指控制好头部,让宝宝脚接触床面或桌面,宝宝会做出踏步的动作。

【专家点评】:婴儿运动能力的发展遵循人类运动能力发展的顺序,但如果缺乏锻炼,婴儿的运动发展会滞后。运动能力发展滞后对婴儿智力发展不利,因为运动向脑部提供的刺激是智能发展的前提。

比如说踏步动作，本来是一种本能的反射动作，但如果不启动它，它就会衰退，这不利于宝宝今后直立行走的发展。此外，爬行反射以及前面说过的抬头反射都是这个道理。

（三）视觉训练

当宝宝视线集中时，可有意识地将玩具或图片慢慢往后移动，观察他会有什么反应，当他明显漠然不看时，则由远及近地移动玩具或图片，直到他又开始注视。

有些图案复杂而又反差鲜明的图画，宝宝会因为新奇而较长时间地注视，甚至试图去触摸它，这说明这种视觉活动起了作用，宝宝开始表达自己的兴趣了。

【专家点评】："五感训练，视觉第一。"视觉启智活动的尽早进行，有利于大脑的神经细胞借由信息的输入而形成神经突起，随后往外延伸出轴状突出和树状突出。没有信息输入的刺激，神经细胞无法将这些往外延伸，也就达不到联结成神经网络的作用。

（四）逗引教育

在宝宝面前经常做些张口、伸舌等有趣的表情动作，宝宝会模仿并发出笑声。

还有，面对宝宝用稍带夸张的口形说话，比如"啊""哦""呜"等，他也会笑，快乐的情绪是因您发声而引起。当然，还可以用稍慢的但清晰的语言与他直接说话。

【专家点评】：逗引教育是婴儿出生后必要的教育内容，一方面联系亲子感情，另一方面，这种有用的刺激是他今后发展语言和表情必不可少的铺垫。

逗引教育也是婴儿从自然人转化为社会人所上的“第一课”，这一课可千万不能缺，宝宝今后的情绪、情感，乃至于性格的形成都基于此。

（五）“三浴”

婴儿天生喜欢水，洗澡不仅能清洁皮肤，也是按摩抚触皮肤的有效手段。

天气温和的时候，应把宝宝抱出室外接受和风吹拂、阳光沐浴。

【专家点评】：“三浴”活动我们在前面有详细的介绍。“人是自然之子”，专家们一致认为，“三浴”应从婴儿2个月大时就开始进行，做到循序渐进，并注意安全。

3个月

3个月大的婴儿已经开始具备有目的行为的初步能力，这是他主管意志的大脑开始发展的关键证明。注意：随之而来的是出生之后的一些本能反射动作逐渐消失，被条件反射动作代替。

他开始有明显的两种情绪体现：肯定情绪和否定情绪。吃饱了，睡好了，就笑，手舞足蹈，尽情撒欢；不舒服了，饥饿了，就哭，就闹。

（一）抬头和翻身

3个月时，训练宝宝用手腕支撑起前胸，使头和前胸一起抬起来。

3个月的婴儿要学会翻身。第一步，用床单将宝宝裹起来，然后抓住床单的一边往外抽，床单里宝宝肯定会连续翻身，这叫被动翻身。第二步，将宝宝左腿压着右腿，他会微微侧身，然后大人用手掌轻轻拍打他的腰部，或直接推动他的腰部，他就会自然翻身了，其间可以在两侧用宝宝感兴趣的玩具逗引他。翻身训练时，宝宝的衣服不要穿太厚。如果他在翻身时力量不够，建议您用左手握住宝宝的左手，您的右手指轻轻刺激宝宝的背部，使其主动向右翻。先翻至侧卧位，再翻至俯卧位，即完成180度的翻身。

【专家点评】：3个月学会翻身，6个月学会独坐以及8个月会爬等都叫作“里程碑式的动作”。这些动作在一定的时期必须完成，不要滞后，俗话说的“三翻六坐八来爬，周岁会走喊妈妈”正是这种写照。家长不要任其自然，而是有意识、有目的、科学地训练，让宝宝的成长总在科学的指导之下进行。而且这些动作训练要略微超前，即训练某种内容的时间要略微放在孩子应该达到这个水平的月龄、年龄之前。

（二）玩玩具

3个月的婴儿四肢随意运动的能力开始发展，头部自控能力增强，家长可用玩具教孩子学会玩。

拍打和够取玩具是重要的游戏活动。宝宝在卧位时，将色彩鲜艳、有响声、大小适当的玩具挂在小床上方宝宝够得着的地方，吸引其注意力，使他试图去击打、够取、抓握和触摸。当宝宝不成功时，可将玩具放进他的手中并弄出声响，激发他的兴趣。他偶然击打了玩具，会十分兴奋，这时大人一定要赞许他，鼓励他继续。

还有，在床脚的上方挂上一个会发出响声的玩具，最好用松紧带系住，松紧带的另一头系在宝宝的足踝部。宝宝只要蹬腿，玩具就发出响声，重复进行他便记住蹬腿和响声的必然联系了，从而形成“因果关系”的初步体验。

还可以悬挂一两个彩色气球，固定在他用腿蹬得到的位置。

【专家点评】:这是一种综合练习,既锻炼了婴儿的四肢,以及大脑支配四肢运动的能力,还促进了婴儿记忆力、注意力的发展。看得见、听得到而又触得到的物体,更是能直接引起婴儿特别持久的注意和兴趣。

(三)触摸玩具

可以故意把多种不同质地、不同外形的玩具,如木线轴、纸盒、塑料杯、绒毛球等放在宝宝伸手可及的位置,让宝宝可以主动伸手去碰触、抓握。

【专家点评】:这是训练婴儿触觉灵敏度的游戏,在此时,应有意识地扩大婴儿触摸的范围:光滑的东西要触摸,粗糙的(如树皮)也要摸;坚硬的要摸,毛茸茸的也要摸;圆的要摸,有棱有角的也要摸。

(四)发元音

开始诱导宝宝自发发音,并能清晰地发出一两个元音。可用不同的语调同宝宝说话,如亲切和蔼的、命令式的,甚至喊叫,训练宝宝分辨不同的语调。除了妈妈外,家庭的其他成员也应加入进来,使宝宝感受多种声音、多种语调。

【专家点评】:这时的宝宝像海绵吸水一样吸收不同的人声,储存在大脑里形成“语感”。这种语感十分微妙,它有助于婴儿今后的发音。

4个月

4个月的婴儿开始咿呀学语，进入“前语言期”。这时有一个明显的变化，他的视觉机能迅速发展，能看较远的对象，视觉集中并开始形成视觉条件反射。听音乐时伴有身体的反复运动，开始对节奏形成敏感。

（一）拉坐

宝宝在仰卧位时，家长抓住宝宝双手，让他配合着从仰卧位到坐位。这种活动每日可做几次，逐渐地，家长减少用力，宝宝会主动增强用力。

【专家点评】：拉坐是独坐的前奏，后面有靠坐、“青蛙坐”，婴儿半岁时便可以独坐，这项活动能有效地锻炼婴儿的颈部、前胸、腰部和腹部肌肉。

（二）咿呀作语

宝宝发元音，主要是“啊”“喔”“鹅”“呜”等。如果此时家长及时地应答，如他叫“啊”您也拖长声音叫“啊”，对他是十分有用的鼓励。他会明显增多发音，然后会在发元音的基础上将一些最好发的爆破音放在元音的前面，如“baba”“dada”“papa”等，并偶然出现“mama”等。不过，爸爸妈妈不要自作多情，宝宝此时还不是在喊你们。

【专家点评】：语言在婴儿智力开发中有特别重要的作用，千万不要忽视，没有前语言期的训练就不可能有日后优秀的语言素质。

第一和第二信号系统之间的关系是随着儿童生活经验的积累和受教育的程度而变化的。因此，要尽快让第二信号系统日益增强，逐步起到主导和控制的作用，家长要做一件事，那就是积极“应答”，不要对孩子的咿呀作语采取不闻不问的态度。他叫“啊”，您也同样叫“啊”，这样孩子可高兴了：有人响应我了，太棒了！他的积极性调动起来了，于是很快会进入“辅音期”。

（三）嗅觉和味觉

让宝宝闻闻醋尝尝酸，闻闻酱油尝尝咸味，此外，可适当闻闻各种香味，甚至臭味，尝尝苦味。

【专家点评】：训练五感，就是训练大脑。要尽早训练宝宝感知各种事物，提高宝宝的感觉灵敏度。

（四）藏猫猫

家长用毛巾把自己的脸蒙上，凑到宝宝面前，然后让他把您脸上的毛巾拉下来，并对他说“喵”。

玩过几次后，宝宝也会把脸藏在衣被内同家长玩“藏猫猫”游戏，玩时家长应有意识地“出示”不同的面部表情，如“笑”“哭”“怒”等。

【专家点评】：“藏猫猫”这个游戏是中国最古老的游戏之一，之所以流传至今而不衰是有道理的。它可以使宝宝通过分辨不同的面部表情，并用不同表情做出不同的反应，发展他的应答能力，更重要的是，这个游戏加固了亲子关系。须知，亲子关系是宝宝出生以后面临的第一种人际关系，又是其他任何人际关系不可替代的最重要的关系。

（五）用勺舔食

4 个月的婴儿可以开始添加辅食了。家长可以开始使用勺来喂宝宝米糊、蛋黄泥和水果泥，要训练他大口舔食。

【专家点评】：添加辅食的意义不仅仅是为了营养的全面搭配，而是启动孩子咀嚼、吞咽的功能，为今后生活自理能力的提高打下基础。

说明一点：世界卫生组织提出婴儿出生后 4 个月开始添加辅食，是有理论根据的。婴儿 4—6 个月时，根据他的实际状况开始并逐步添加辅食最理想，超过 6 个月再开始添加肯定不行。

5 个月

5 个月的婴儿认人的本领加强了，对周围的人持选择态度，并开始认生了。但当妈妈的声音出现后，他会立即作出积极的响应。他甚至可以听懂赞美他的话，而对斥责抱消极态度。

（一）准确抓握

训练宝宝准确的抓握动作可以这样进行：把宝宝抱坐在桌前，桌子上放不同形状、不同大小的东西，训练他一下子准确地抓住指定的物品。还可以把一些东西放到稍远一些，但他通过努力可以够得到的位置。此外，可以用一个筐（或者盒）装上不同的物件，鼓励他用手伸到里面去抓取。

【专家点评】：这个游戏首先锻炼婴儿手眼协调的能力，并为他从小培养独立活动的能力打下基础。

（二）照镜子

通过镜子让宝宝第一次看到他自己，刚开始时，他会把镜子中的自己当作另一个人来对待，他会同“他”笑、玩耍。

但久而久之，他渐渐发现镜中人的动作、表情与他完全一致，他会十分惊讶。此时，家长应不失时机地教宝宝认识眼睛、鼻子、嘴巴、耳朵等，他会初步形成一些对人的五官的认知。

【专家点评】：婴儿出生时属“自然人”，暂不具备社会性，因为他连自我意识都没有，比如他啃自己的脚来娱乐是因为他以为那脚是别人的。所以“儿童社会化进程”的第一步是形成自我意识，而照镜子是最有效的方式之一。

（三）应答能力训练

这个游戏也叫“叫名回头”，宝宝听到自己的名字（每次呼唤都用同一名字，不要出现多种名字）而循声回头。当宝宝听名回头向您应答（这时候应答不是指能说出话来，而是指他明显知道是在叫自己）时，家长要用积极的态度来对待，如拥抱他说“你真棒”以示鼓励。

【专家点评】：应答是婴儿在发育的初始阶段必备的能力，是人际交往智能萌发的表现。如果婴儿到了半岁尚未具备上述应答能力，应及时到医院检查。

（四）语音语义结合

鼓励宝宝听到家长说某一物体时，不但眼睛看着这个物体，还要用手去指它，如您说“灯”，就让宝宝用手来指灯，您还可以鼓励他用手去触摸灯。

【专家点评】：这是一个关键的活动，从婴儿 5 个月开始直到 10 个月，家长无论如何都不应绕开这个重要的认知活动，即把语音特征和语义特征结合起来的认知活动。

这个活动之所以重要，是因为它直接影响到宝宝今后的认知能力和语言能力的发展。

当您说"耳朵"时，您向他输送了"ěr · duo"这个语音，当他摸到自己的耳朵时，意味着他把语音转化为了语义。（7 个月时）

当您说"飞机"时，家里虽然没有飞机，但图画上有，他如果能准确地在多种图片中指出飞机的图片，这是一个不小的进步。（9 个月时）

5 个月的时间里，如果宝宝首次完成了这项任务，我衷心地祝贺你们。

请家长切记，第二信号系统的增长必须以第一信号系统为基础，也就是必须将声音与它所代表的实物和动作结合起来。

（五）自喂饼干

家长给宝宝一块软的能抓在手上的饼干，并笑着对他说"宝宝吃饼干咯"，并帮他把饼干移到嘴边放入口中，让宝宝将饼干咀嚼后咽下。

【专家点评】：这是锻炼宝宝给自己喂食的前期步骤，随着时间的推移，应让孩子越来越熟练地学会进食自理。（注意，要选择符合食品安全标准的饼干。）

6个月

6个月的婴儿开始独坐了，有爬的意愿了，并开始理解成人对他说话的态度。他可以发比较复杂的声音，对陌生人会表现出惊奇、不快并把身体转向亲人。还有，第一颗乳牙出现了（但每个孩子生长指标不一样，乳牙出现的时间不必强求，不必横向比较）。

（一）换手游戏

也叫“玩具倒手”。家长给宝宝一个玩具，他会立即抓握，这是无需训练的，但当您向他出示一个更美的玩具时，他一般会“喜新厌旧”，扔下手中的玩具去抓更美的那一个。此时，家长不应让他去抓，而是反复示范，要求他将原来的玩具从一只手换到另一只手上，然后用空着的手去抓新玩具，如此反复进行，直到他会换手为止。

【专家点评】：不要小看这个动作，这是一个里程碑式的动作。持握反射是本能反射，我们现在所做的事是把这种本能反射动作延伸扩展到一个极具意义的动作，这就叫“在非条件反射的基础上，产生生活中必需的越来越多的条件反射”。换手也是手眼协调动作，半岁的孩子务必做到。

（二）完成独坐动作

6个月的婴儿，可以训练他逐渐从一定的支撑到不靠支撑而独坐片刻。在此之前他最主要的支撑动作是“青蛙坐”，即两手靠前支撑身体坐稳，类似青蛙状，这种坐稳状态在婴儿半岁时完成。

【专家点评】:独坐也是一项里程碑式的动作,不可小视。如果我们从婴儿4个月的时候开始练习拉坐、靠坐,即可确保婴儿半岁完成独坐,独坐的时间维持在5秒钟即可。这里顺便指出:有些孩子可能要到7个月才能坐稳,家长不要着急,但过了7个月仍未独坐,则应高度重视。

(三)语言动作联系

把一些玩具摆在宝宝面前,清晰地告诉他“娃娃”“娃娃在那里”,帮助他主动从中拿出娃娃玩具,然后说“小熊”,引导他主动拿出小熊玩具。

【专家点评】:这个游戏是典型的将语音和语义特征结合起来的认知活动。他这时不会说但会“抓”,他可以根据大人输送的语音符号寻找实物,并将语音和动作联系起来。

(四)走出家庭,走向社区

宝宝半岁了,能分出家里人和陌生人了,家长可以多带他到社区去走走。遇到其他人,大人可以主动打招呼,尤其是遇到别的家长刚好也带着一个年龄相仿的孩子,则更要利用机会,让宝宝与对方接触,一起玩。

【专家点评】:我们提出半岁开始“走出家庭,走向社区”是针对当前“儿童高楼综合征”的现象。儿童社会化进程少不了宝宝和伙伴交往,而且要早一点,因为这对培养他的社交能力、开发他的智力、促进他的语言能力具有重要意义。

随着年龄的增长,婴儿社会活动的范围应日益扩大。同伴交往或迟或早总会发生,但我认为,同伴关系越早发生,对婴儿他人意识、社会意识的萌发越有好处。须知,对于孩子来说,那些在同伴关系上过于孤独的早期经验不利于他的社交发展，而且，到了成人期再试图改造它已是难乎其难。

（五）捉迷藏

妈妈让宝宝面对面坐在自己的腿上，一手扶着宝宝的臀部，一手扶着他的腋下，爸爸则躲在妈妈身后。让宝宝一只手抓住爸爸的手指，而另一只手抓住妈妈的胳膊，爸爸拉一下被宝宝抓住的手，吸引宝宝朝这边看，此时爸爸从妈妈身后突然伸出头来叫一声宝宝的名字，宝宝会笑出声来，并感到十分新鲜。

【专家点评】：这类游戏是前面讲到的“藏猫猫”的延伸，这类游戏对巩固亲子关系、培养孩子的积极情绪有很大帮助。

7 个月

7 个月婴儿的手部动作比从前灵活，其中最明显的标志是大拇指和其他四指能分开使用。他们已经开始区分熟人和生人，能更明白成年人的指令了，并对人和事产生肯定或否定的态度，表现出的动作有点头、摇头等。

（一）练习爬行

为宝宝创造一个适合爬行的安全区域，如在床上练习则床不能过软，在地上练习可铺上垫子之类的东西。

如果宝宝往后退着爬，就在他前面放他最喜欢的玩具吸引他向前，同时大人用手抵住他的足部。

【专家点评】:我们多次强调,爬行是运动发展过程中一个重要的阶段,是“生命的全程现象”中必不可少的环节。爬行锻炼婴儿的肌肉力量,为站立和行走作准备,同时对小脑的平衡觉、大脑的发育都有好处,所以,7 个月开始训练爬行最好。

(二)走出家庭,走向大自然

前面讲到走向社区,现在强调大自然对宝宝的作用。可以带宝宝到公园中看花草树木,到动物园认识各种动物,尤其是带宝宝去看五光十色的自然景色。

【专家点评】:大自然是宝宝最佳的“多媒体课堂”,这既是一种美育教育,又是一种健康活动,还可以提高宝宝的认知能力,使宝宝见多识广。

(三)对击玩具

所谓对击玩具,即宝宝双手各拿着不同的玩具,家长教他对击,敲出声音。

【专家点评】:婴儿最喜爱“以动求变”,即通过他自身的动作产生变化的效果,这同时也是一种“手、眼、耳、脑”综合利用的感知运动。

(四)听从指令

为了让宝宝了解危险的存在,除了说教,家长可采取指令的方式。例如,大人指着放有开水的杯子对宝宝说“烫,不能动”,可以拉着宝宝的手轻而快地碰触一下杯子,然后迅速把他的手拉回。

还有,当宝宝试着去触摸带电的插座时,严肃地将他的小手拍打一下，并说“不准摸，有电”。

【专家点评】：早期教育中有一个重要内容，即健康安全教育。此时无法用道理对婴儿讲清楚，但发出这种指令，明显地告诉宝宝哪些事不能做，也会产生制止效果。

（五）良好习惯的养成教育

训练宝宝养成“无条件入睡”的习惯，教育他每天洗脸，培养他定时定点大小便的习惯，并教他学会蹲便盆。在辅食中可以添加固体食物，养成他咀嚼的习惯。

【专家点评】：不要小看这些细节，“养成教育”说穿了就是养成良好习惯，形成一种良好、稳定的行为方式，而且养成教育进行得越早越有效果。

8个月

8个月的婴儿最大的特点是会爬了，同时对周围环境，包括经常接触的人和事物产生浓厚兴趣，并有一定的取舍倾向了，能表现出丰富的表情。许多名词他不仅听懂了，还能和实物迅速对上号，精细动作开始萌发。

（一）拇、食指对捏

给宝宝一些花生、黄豆、糖果之类的物品，先教他用拇指与食指对捏，再学习捏取这些物品。要反复练习，直到宝宝学会为止，但要注意安全，不让他往嘴里送。

【专家点评】:“拇、食指对捏”这个动作十分经典,是宝宝精细动作发展的起点。这个动作是人类独有的高级动作,它标志着今后宝宝将利用手指学会将近一亿个精细动作。

(二)爬行

8个月的婴儿已经能够爬行,此时如果他们“偷懒”采用“匍行”,即腹部贴地爬行,建议用一条毛巾将他的肚子兜起来,一定要让他腹部悬空用四肢交替爬行。

【专家点评】:为了使宝宝的爬行更具有娱乐性,不妨使用皮球让他推滚、追逐,或者让他和同龄伙伴共同爬。

(三)认识五官

可以通过镜子让宝宝认识自己,同时指着宝宝的五官说“这是眼睛”“宝宝指一指,你的眼睛呢”“鼻子在哪里”“用手指一下鼻子”等等。

【专家点评】:这是认知活动中一个重要的内容,也是自我意识萌发的必要阶段,同时又是语言训练中不可或缺的部分。

(四)房间里的东西

宝宝喜欢不厌其烦地看家里的各种摆设。家长可以引导他,对着家里的摆设“指指点点”地说“这是桌子”“这是椅子”“宝宝看,那是门,那是窗户”。对于一些小东西,可以让他凑近看仔细,说“宝宝这是台灯”“这是杯子”。

【专家点评】:“指指点点”是一件很有意义的认知活动,为孩子语言能力的发展打下基础,同时,让他对周围事物产生浓厚的兴趣。

认知活动是一切智能发展的基础，开展认知活动俗称“打地基”。

(五)练习使用勺子

喂饭时，家长鼓励宝宝拿勺子，帮助他把勺子插入碗中。当然，他暂时分不清勺子的正面和反面，不要紧，让他抓握住勺子做动作就行了。

【专家点评】：练习使用勺子有利于婴儿学会自己吃饭，从此培养生活自理能力。

9个月

9个月的婴儿已经学会一些精细动作，有探索周围环境的强烈愿望。由于懂得一些大人提供的词语，他会选择了，比如“要”“不要”等。

(一)花样爬行

当他学会了直爬后，引导他“曲线爬”“圆圈爬”。当他学会了平面爬行后，在爬行路线上故意摆个枕头，叫他“爬过去”，即“障碍爬”。还有，扶着他在滑梯上从下往上爬，或从上往下爬，即“上坡爬”“下坡爬”。此外还有“向左向右爬”“急转弯爬”。

【专家点评】：爬得早、爬得好、爬得长的孩子有三大优势：智商偏高，语言能力发展提前，长大以后少有感统失调的毛病。

我们在治疗3—4岁感统失调的儿童时，大胆采用了爬行训练，效果很好。但如果在八九个月时充分练习爬行，多练习花样爬行，孩子就会极少出现感统失调的毛病，所以与其以后“补课”，不如未雨绸缪。花样爬行还可以和中国传统游戏如“爬大山”“钻山洞”等

结合起来，当爸爸弓着身子做大山，做山洞时，孩子可高兴了。（见11个月的训练）

（二）学蹲下

家长站在宝宝对面，握住他的双手拉他站立，然后慢慢放手并让他蹲下。因为此时他尚未具备独自站立的能力，自然很快就蹲下来了。第二次再拉他站立，边做边说"起立""蹲下"。

【专家点评】：这个动作一方面是为孩子今后独站作准备，同时也是锻炼腿部肌肉的好方法，其间可以穿插蹲下捡玩具的环节，以增加他对这项活动的兴趣。

（三）投物进筐（篮）

准备好一个皮鞋盒或者一个篮子，给宝宝一些小球（如乒乓球）或一些小玩具（如积木），训练宝宝将手中的物品投到盒子里或篮子里。

【专家点评】：这是手眼协调的初步训练，也是定向运动的启蒙。运动只有定向了，才能锻炼大脑指挥系统的灵敏度和准确性。往下还会多次出现手眼协调和定向运动的训练内容。

（四）揭开布盖

给宝宝一个颜色鲜艳的玩具让他玩一会儿，让他熟悉它。然后取走这个玩具，当着他的面用一块白布盖住，放到宝宝的手刚刚能够得着的地方，下面就观察他的表现。一部分宝宝将白布连同下面的玩具拉到近处，然后打开白布，找到这个刚熟悉的玩具，有一部分宝宝则办不到。不要紧，反复练习直到他完成这个动作为止。

【专家点评】：这是美国著名的儿童心理学家卓凡曾做过的实验。他认为，前面那部分宝宝在9个月时便具备了解决问题的能力，即规划、记忆和专注，这是一个不小的进步，因为解决问题的能力是衡量智商高低的重要指标。

（五）念儿歌、听故事、识图识字

每天花15分钟给宝宝念一两首脍炙人口的儿歌，说一个情节简单的故事，然后打开图画书，教宝宝指认动物、人物、物品等。从9个月开始的这项活动要一直坚持下去。

【专家点评】：婴儿喜欢语言的韵律和节奏，尤其是当妈妈面带亲切而丰富的表情，抑扬顿挫地朗诵时。宝宝对故事中鲜明的形象十分喜爱，不懂不要紧，它在大脑里会产生痕迹，书上的图像、色彩、文字都是很好的视觉刺激物。而且这一种母子共读的场景十分温馨，所以对孩子的发展十分有利。美国著名学者吉姆·崔利斯在全美推广这种“朗诵运动”，得到社会各界的关注和支持，他还写了一本书——《朗读手册》。我也衷心希望“母子共读”走进每一个家庭，进而成为一种“家风”，建立新时代的“书香门第”。

10个月

10个月的婴儿已明确意识到自我存在，有寻找伙伴共同玩耍的意愿，好奇心明显增强，表现出来就是这也翻翻那也看看，用小手摸摸用嘴啃啃，并会扶着周围的物体站立片刻，甚至有迈步的欲望。

(一)学打击乐

根据婴儿“以动求变”的心理,选择一些打击乐器如木琴、小鼓等,教他敲击。当发出悦耳声音时,他会乐此不疲,甚至用手拨弄并探究其构造。

【专家点评】:目前还不是学乐器,只是通过这种活动让宝宝手眼协调,同时产生“因果关系”的概念:因为用力大,声音大;敲不同部位,音调会时高时低。

(二)百宝箱

用皮鞋盒做一个“百宝箱”,里面放入各种玩具,也可以放一些日常用品等,然后家长要求宝宝按指令从中取出东西,如“把玩具熊猫拿出来”“把牙膏拿出来”等。然后,再要求宝宝一一将拿出来的物品放回到“百宝箱”里去。

【专家点评】:9个月的宝宝不会说但会“抓”,您说的物体名称他能一一对上号,并用手进行“取”和“放”两个动作。这是语言训练,又是手、眼、耳、脑综合利用的范例。

(三)指图答题

家长利用图画书,先给宝宝讲图画里的故事,如《小猫钓鱼》,并边讲边指点,在讲的过程中,还可以提问,“猫妈妈带着小猫到河边去钓鱼,宝宝,指给我看,小河在哪里”,让宝宝指出画面中的小河。

【专家点评】:这可以说是“前阅读”的训练。首先让他熟悉书,熟悉用书来获得信息;其次是通过用手指点,让宝宝学会将语言符号同与之对应的内容结合起来。当然,这也是培养宝宝从小爱看书、爱翻书、爱与书交朋友的极好方法。

(四)培养配合大人穿、脱衣服的能力

在宝宝懂得一些语言的基础上,每次给他穿衣、脱衣和洗澡时,用语言教他学会配合大人的动作,如“宝宝把小手从袖子里伸出来”“让小脚丫子从山洞里钻出来”等。穿鞋袜时,教他主动伸出脚来。

【专家点评】:心理学家的追踪研究表明,周岁以前的这些自理能力训练会给孩子带来信心和鼓励,同时良好的习惯就是从这一点一滴培养起来的。

11个月

11个月大的婴儿能扶栏站立了,会指认室内大多数物品,会指认五官,并且大动作的训练加强以后,他活动的范围明显加大,对音乐的节奏感随着动作反映出来了。

(一)扶行

安排一些可扶可靠的家具,让他扶着站立,并鼓励他扶着平行移步,还可以故意移开扶靠物,让他独站片刻。在这里不建议用学步车!

【专家点评】:由于婴儿此时腿部肌肉和骨骼尚处稚嫩时期,故不赞成急于求成,应让婴儿循序渐进地从扶栏站立到扶物移步,从独站片刻进入站立和行走阶段。

（二）儿歌接尾

念儿歌是发展宝宝语言能力的好办法，可以通过让宝宝接住每句儿歌的最后一个字音来进行。由于儿歌每句的最后一个字押韵，宝宝会饶有兴趣地模仿并发出声来，如念“小白兔，白又白”时故意加重加长“白”字的发音，紧接着宝宝会跟着说“白”。

【专家点评】：儿歌朗朗上口、合辙押韵，宝宝很喜欢。加上家长边说边做，逗引宝宝发笑，不知不觉中一些字的发音宝宝脱口而出，这就是学说话的诀窍。

（三）爬大山，钻山洞

爸爸可以半躺在床上做成“大山”，让孩子爬进去，还可以弓着身子做成洞状，让宝宝钻过去。

【专家点评】：11个月的婴儿大动作训练要多多加强，他们其实有熟练的爬行机能和攀登钻洞的欲望，这些活动是宝宝增强身体运动智能的方法，也是一种自我探索的行为。

（四）识别大小

用不同大小的东西让孩子识别。可以将两块明显大小不一的饼干放在盘子里，先告诉他“这块是大的，这块是小的”，然后发出指令让他拿大的或相反，并说拿对了就可以吃，拿错了不许吃。还可以利用同一商标但大小各异的商品包装盒来做这类游戏。

【专家点评】：空间智能的训练无疑是从大小概念开始，其次才是长短、高低、上下、远近，最后是左右。提前进行大小识别训练，有助于宝宝今后提高空间感知能力。

(五)培养良好的进餐习惯

要对宝宝一日进餐的次数、时间进行控制并长期坚持。开始实行饭前洗手、洗脸、围上围嘴的训练,锻炼他使用小勺和其他餐具,如自握奶瓶喂奶,自己用手拿饼干吃等,鼓励他多咀嚼、不偏食等。

【专家点评】:这是良好生活习惯的养成教育,同时也是他独立性的演习。

1 周岁

周岁的孩子会站立,并开始试着行走几步了。手会摆弄玩具和其他物品,如打开瓶盖。嘴里说些大人听不懂的“语言”。自我意识萌发,有不同意大人意见的行为,如说“不”或摇头表示拒绝。

(一)套筒游戏

这种套筒从大到小有六七层,而每层颜色不相同,我们可以教宝宝打开套筒,再把它们一个一个套起来。

这项活动有一些附加内容:认识大小,学数数,辨认颜色。

【专家点评】:这种综合性游戏可以锻炼宝宝认识大小、分辨色彩的能力,同时手眼协调的训练也在其中。周岁以后,随着宝宝视野的开阔、手部肌肉群的发育,不妨多设计一些综合利用眼、耳、口、手、脑的游戏。

（二）辨认颜色

视觉启智首先从辨认颜色开始，第一课是认识“红色”。可以将红色的积木、卡片、皮球放在宝宝面前，告诉他这些是红色的，多次后叫他在众多物品中，准确地将红色物体指出来或拿出来。

【专家点评】：对“红色”的认知是辨认颜色的二级标准。还有一个更高的要求即“一级标准”——对“三原色”的辨认，如能达到则更好。我们希望孩子周岁能达到一级标准，但完成二级标准也很不错了，家长不可操之过急。

进行辨认颜色的活动，切忌同时教认两种或两种以上的颜色，应每次只教一种。

（三）建立伙伴关系

周岁的宝宝已有寻找伙伴的主观愿望，家长们要创造条件，让他们每人手里拿同样的玩具（由于此时没有建立合作关系，同样的玩具可避免互相争夺），在相互看得见的地方各自玩耍，这就叫“平行游戏”。这种初步的感受是他们日后建立人际关系，并学会互相帮助和分享的基础。

【专家点评】：婴幼儿建立伙伴关系遵循以下三个阶段。首先是平行游戏，各玩各的，但他们会因此相互模仿。记住，模仿是儿童最直接的学习行为。其次是合作游戏，大约在1岁半左右，他们会互相商量如何共同完成游戏。最后是集体游戏，五六个或七八个孩子共同做游戏，我们小时候玩的“老鹰抓小鸡”“官兵捉强盗”等便是集体游戏。这种游戏大约发生一岁八九个月的时候，这时他们开始适应群体生活了。

（四）搭积木

训练手眼协调动作，最值得推崇的是积木游戏。

积木游戏在最初阶段可以“接火车”，即平面地“接龙”，然后进一步“搭高楼”，即一个方块一个方块地往上叠放。

【专家点评】：根据大量调查，我们认为周岁的宝宝能自行将两块方块搭在一起并不会倒下即算成功，但我们动员家长“更上一层楼”，训练宝宝叠加三块积木而不倒。

（五）周岁应会的自理项目

周岁的宝宝会抓帽子并戴在头上，抓住帽子脱下来，自觉坐便盆，同家人一起吃饭。

【专家点评】：这些只要循序渐进地训练，并不难做到，难的是尽早开始并坚持下来。我们提醒家长，在进行各种游戏活动时，不要忽视宝宝日常生活中的自理能力的培养。

二、第二阶段　先学前期（1—3岁）

1岁1—2个月

宝宝会叫“爸爸妈妈”，开始认生，出现害羞、自豪、不安，甚至内疚等情感。能独立站稳，抓住扶手上下楼梯，手的灵巧性出现，能回忆起10天以内的事。

(一)骑马游戏

一开始家长趴着,让宝宝骑在身上,然后上下摇动,宝宝或许会失去平衡跌下来,但他仍愿意继续玩下去。当他懂得抓稳坐牢时,家长不妨慢慢抬高身子往前爬。

【专家点评】:在摇摇晃晃中孩子学会了掌握平衡,而平衡觉是一种重要的运动机能,对他今后生活大有裨益。

(二)倒豆捡豆

准备两个塑料瓶子,其中一个放进十几粒豆子,让宝宝将豆子从这个瓶子倒到另一个瓶子里。开始时,家长应给予帮助,如扶住空瓶,然后用一只手稍微扶住宝宝抓住有豆子的瓶子的小手,引导他对准空瓶瓶口往里倒。

第二步,将瓶中的豆子倒在一个盘子里,家长和宝宝一道捡豆子放入瓶中,看谁捡得快,捡得多。家长应鼓励孩子多捡。

【专家点评】:手眼协调游戏应在这个阶段多加进行,这种基本技能的训练是必不可少的。

(三)促进语言表达

当宝宝有需求和欲望时,往往用手指示,而不说出声来,此时,家长应"逼"他说话。如他用手指电冰箱,表示想喝饮料时,家长应强调说"你说一个字'喝',说了我就打开冰箱"。

至少应该这样:你是不是想喝酸奶?你回答"是"或"不是"。你是不是想要出门去玩?你回答"要"或"不要"。

【专家点评】:家长要狠下心来,不要怕他哭闹,心平气和地促使他开口说出来,并坚持说出来就满足他的需求,不开口就不满足的原则。开始会很难,但一旦起了头后面就顺畅了。

(四)形状认知

可以自制形板,也可以去买,这种形板分别有三角形、圆形、正方形等形状的空洞穴。家长先示范,将圆形卡片放入相应的圆形洞穴里,接着是正方形、三角形,然后教宝宝放。开始时他可能放不准,但只要坚持训练,最终总能完成。

【专家点评】:对空间感知能力的训练,到了这个年龄应视为关键期,首先宝宝必须对这三个基本形状形成概念。我们建议在做这个活动的同时,用语言强化"圆形""三角形""正方形"这三个名词,这样做的好处是加速空间感知能力的发展,产生"音形重合"的效果。

(五)玩大球

准备一个他可以抱住,并可以推着走的大球(如塑料海滩球),让他在空旷的地方自由自在地推着行走,或者让他双手把球抱起来,然后松手使球落地。

【专家点评】:这是一个活动性游戏,通过此类大动作训练,锻炼他从蹒跚学步过渡到自由行走,又让他通过抱球、扔球、捡球等动作锻炼身体协调和平衡能力。1 岁到 1 岁半时多进行一些大动作训练,因为这个时期是宝宝发展运动能力的关键期。在这个阶段,大动作包括走、跑以及攀爬,这些动作都有利于宝宝各个感觉器官的发育,扩大他们对外部世界的认识。宝宝开始有意识地感受重力和移动，这就是常说的“感觉—动作”组合能力训练。

1岁3—4个月

语言进入“单词句期”，萌发独立意识，开始翻箱倒柜，到处触摸物体，走路已经走得稳当了，甚至可以自行蹲下接着又站起来。这一时期宝宝有强烈的寻求同龄伙伴的愿望。

（一）扶栏上下楼梯

开始时要注意保护，但原则上大人不用拉着宝宝的手上楼梯，应鼓励他自行扶着栏杆走上楼梯并上多个台阶，然后教他练习自己扶着栏杆走下楼梯。因为下楼梯反而不好掌握，此时家长可以扶一下他。还有一点要注意，即选择不太高的楼梯，以便孩子能够顺利地体会成功的快乐。

【专家点评】：这个动作很重要，因为他已能自如地在平地走路，但借助扶手上下则需要克服一定困难去完成，而且这种动作对大脑指挥系统的进一步完善起到推动作用，因为手脚并用的协调能力是运动能力的组成部分。

（二）投掷皮球

准备几个小皮球，让孩子玩丢球游戏，家长的任务是教他举手过肩尽量将球抛出，反复练习直至他能向前方投掷。一开始他还不会掌握目标方向和控制力度，但能扔出去就行。

【专家点评】：这种大动作运动，对锻炼宝宝的平衡和动作协调能力很有帮助，同时也是一项受宝宝欢迎的游戏。

（三）扩大词汇量

在这一时期家长有一个任务，即扩大宝宝的词汇量，如见到汽车，立即叫宝宝说“汽车”，遇到花，立即叫宝宝说“花”。尤其是在家里时，应教宝宝指出并说出“桌子”“柜子”“厨房”等。

【专家点评】：扩大词汇量的好处是，宝宝可以多存储词语，到了说出完整句子时，他就有丰富的词语材料，而不至于张口结舌，不知道该用什么词来表达。

但在扩大词汇量的时候，家长一定要注意规范化训练，切忌使用所谓的“儿童语言”。同时，大胆使用现代科学用语，如教宝宝说“蚯蚓”而不说“曲蟮”。此外，语言没有难易之分，完全可以教孩子“遥控”“宇航员”等词语，“听音乐”可以教他说“欣赏音乐”。

（四）进入“涂鸦期”

给宝宝一支笔、一张纸，训练宝宝在纸上画线，也可以连纸都不要，让他在瓷砖墙上或瓷砖地板上画线。一开始，不要求画得怎么样，能画出线条即可，然后可以有意识地教他把线画直、画长。

【专家点评】：“涂鸦期”一般是定在2岁左右开始，但实践证明，提前进入涂鸦期有好处：锻炼了宝宝的手部肌肉群，使宝宝获得对线条和色彩的敏感，激发宝宝对绘画的兴趣。

儿童绘画经历四个时期：涂鸦期—象征期—图式期—写实期。它们之间不可逆转、不可跳跃，家长一定不能用成人眼光去要求孩子，尤其不能从技能技巧的角度去评判和要求。

(五)拖拉玩具

这个时期的宝宝喜欢拉着玩具走,听着玩具发出声音。可以选择手推车、拖拉鸭、小马拉车这类玩具,让孩子在拖拉玩具的引领下快走,甚至学跑。

【专家点评】:这是一种通过玩具让孩子学会走路,甚至跑步的好方法。单纯地练习走路,宝宝会觉得枯燥,而加上一个玩具,情况就大不一样了。

1岁5—6个月

这一时期的宝宝走路已经不成问题了,甚至可以跑动。会说一些词语,其中有一个现象叫“电报句”,即两三个词一起说,但尚不成句子,如“妈妈,饭”“奶奶,球”。会脱去简单的衣物,基本上不尿裤子,喜欢和小伙伴玩,也有合作的意识。

(一)哄娃娃睡觉

让宝宝哄娃娃睡觉,同时播放《摇篮曲》之类的音乐。教宝宝做各种表情和动作,如摆摆手,两只手合着放在脸颊边微微偏头的睡觉状,或让宝宝将小手绢放在娃娃身上,表示给娃娃盖被子。

【专家点评】:这是培养宝宝关心他人,并建立良好情绪状态的好方法。

（二）退步走

画一条线，让孩子在上面前行或横着走，然后叫他沿着这条线退步走。退步走时宝宝可以回头看，家长可以陪着他走。

【专家点评】：发展运动能力是多方面的，这种倒退走可以锻炼他走路的技巧，形成方向感。这个时期孩子虽然会走了，但还要锻炼走得好、走得稳，锻炼更好地控制身体的平衡，使活动更加自如。因此，我们设计这种“倒走横走”，就是创造机会，变着法子放手让他进行锻炼。家长不能因为怕孩子跌着、碰着而保护过多，这样反而妨碍孩子运动能力的进一步发展。

（三）投球入杯

大人可以先示范，用拇、食指对捏杯子里的小球，拿到杯子口时说“放开”，让小球落入杯中，然后让宝宝拿球，当他拿到杯子口时家长说“放开”。接下来则需要宝宝自己去做，自己给自己下指令，刚开始可能并不准确，但多练习几次就好了。

【专家点评】：这是一项不可忽视的手眼协调训练，也是定向运动的尝试，能有效地锻炼大脑指挥系统的灵敏度和准确性。

（四）说出动物名称

将动物图片一一展示给宝宝认识，其间最好指出动物外形的主要特征，如认识斑马时，告诉他斑马身上有黑白条纹等。此外，边认边教他说出动物的名称，必要时教他模仿动物的叫声，以增加乐趣。

【专家点评】：这种看图说话的教育方式简单可行，并十分有用，同样的方法还可以延伸到认识花草树木。

（五）“过家家”

让宝宝扮演大人，如服务员、警察、医生、理发师，扮演妈妈给玩具娃娃洗脸，模仿售货员把东西卖给娃娃等。

【专家点评】：让孩子暂时脱离自我来扮演他人，是孩子人格成长和社会化过程中不可或缺的游戏，也是克服“自我中心”意识的好办法。这个年龄段的角色游戏，与前面介绍的角色游戏不同，扮演的角色社会化程度更高，这就需要我们增加情节，比如扮演医生，就应认真地给“患者”看病、诊断、开药等，让他更多地体会不同的角色被赋予的不同社会责任。

（六）学习日常生活中的良好行为

1 岁半的宝宝应学会自己拿勺吃饭（不能边吃边玩），饭前便后要洗手，自己会脱去鞋袜和手套，自己找便盆大小便。

【专家点评】：这些日常生活习惯宝宝应知应会。家长把宝宝好行为出现的时间记录下来，建立一个“生活自理档案”以便督促和检查。

1 岁 7—8 个月

这时宝宝可以倒退走和侧向走了，可以跑步并能随时停下来，遇到障碍还会绕开。精细动作发展，宝宝会较熟练地使用勺子了。

此时语言发展出现关键性的突破，宝宝不只会说单词，还可以两三个词放在一起说，但仍只能说是“电报句”，尚未形成主谓句。

（一）倒退和蹲下

可以利用拖拉玩具让宝宝练习持续倒退走，比如拖拉玩具中盛着的小玩具掉下来了，要求他倒退走过去蹲下捡起玩具，不能转过身来。

【专家点评】：这个动作之所以强调不能转过身来走，是希望通过倒走锻炼宝宝运动的平衡稳定能力和身体协调能力。记住：1—2岁这个时间段是宝宝身体运动，尤其是肢体运动发展的关键期。

（二）社区交往

此时宝宝既能走路，又会用语言表达简单的意向，加上他对外部事物更加好奇，应该鼓励他走出家庭，走向社区，与其他年龄相仿的伙伴交往，而且家长应为他提供交往的场地和机会。

【专家点评】：千万不能牺牲孩子的社会性关起门搞智力开发。在与同龄伙伴交往时，家长不强求他用大人方式，而是让他用自己的方式去接近伙伴。

（三）穿扣子

可以先穿大孔的环状物，让宝宝学会将绳子穿入环形物形成一串，然后穿算盘珠子，最后穿扣子。

【专家点评】：实践中，穿环状物最容易，对于穿孔很小的扣子，有一部分孩子可能有困难，但为什么要强调做这件事？因为这是一个要求手眼协调的精细动作训练的典范，请家长重视这项活动。

(四)训练从“电报句”过渡到“主谓句”

为了让宝宝尽早从“电报句”过渡到“主谓句”，家长平时应尽可能以完整语句影响孩子，甚至鼓励他持续使用“电报句”，而不是迁就孩子。“主谓句”即名词加动词，如“宝宝喝水了”“我们上街了”“你饿了吗”“爸爸上班去了”等等。当他说“电报句”时，家长应及时用主谓句加以纠正，如宝宝说“妈妈，饭”时，您要纠正说“我要吃饭了”，并一句一句地教他。

【专家点评】：孩子语言发展有其自身的阶段性，需要家长正确引导，使他的语言尽早地向较高水平发展。通过说标准规范的语言让孩子模仿，反复练习，并及时纠正(但不能指责、不能急躁)，可以使孩子更快进入语言爆发期。

这个年龄段孩子的语言发育进入了一个飞跃的阶段。在理解语言的基础上，孩子说话的积极性逐渐提高，但所说的句子不规范、不完整，甚至前后词语次序颠倒。这时需要大人打“攻坚战”“爬陡坡”，及时用规范语言去纠正，并反复教，尽量缩短语言由不规范到规范的时间。

(五)学会认路

每次上街，家长可以随时“指指点点”，告诉他这儿是个商店，家门口有一个广告牌，走到马路上，告诉他路口有哪些明显的标志，然后回家时，再次重复这些标志。第二次再带他上街，可以考考他，“我们家到了吗？”“是不是从这个路口往前走？”

【专家点评】：不要小看这种训练，这是一种生存能力的训练，也是让孩子通过实景进行方位观察的训练。

1岁9—10个月

这一时期跑得稳已经不是问题，宝宝甚至可以简单地跳跃了。

语言开始出现“主谓句”，即到了语言爆发期，有的宝宝甚至能背儿歌了。

形成简单的数概念，对多少、高矮有一定知觉能力。

进餐习惯形成三定：定时、定点、定规矩。

(一)踢球

将球放在脚尖前方，教宝宝助跑的方法，并示范踢球的动作。在房子里踢球时，可以让宝宝绕着一个目标物转，比如妈妈站在中间，宝宝绕着转，同时教他控球的方法。当熟练了控球的方法后，可以让他和妈妈对踢着玩。

【专家点评】：这是一种大动作训练，同时又是一种锻炼大脑指挥系统灵敏度和准确性的好方法。注意，如果爸爸在场，可以喊口令训练他定向运动，如“踢向妈妈”“踢向爸爸”等。或用两个板凳做一个“门”，玩“踢门球”的游戏。

(二)大小识别

在图画纸上画出三个大小不同的圆形，然后问孩子“最大的是哪一个？用手指出来吧”。当孩子指了以后再问：“最小的是哪一个？”

如果孩子不知道，可以将大中小三个圆形剪下来，最好涂上色，再给孩子辨别大小。

【专家点评】:大小识别是训练空间知觉最开始的学习项目,有了这个基础,再教他识别长短、高低等。

(三)1—5 数数

第一步,将图案不同的红、黑两类扑克牌(例如红心和梅花)分成两组,各选出数字 1—5,其中一组依照顺序由 1 排到 5,另一组则零散排列。

第二步,让孩子从按顺序排列的一组扑克牌中指出"1",并问他:"和这个相同的扑克牌是什么? 你找找看,告诉妈妈。"

这样做的目的主要是通过找图案不同但是点数相同的牌,让孩子正确认识点数。

第三步,让孩子依次找出点数分别是 2、3、4、5 的牌,教孩子数到 5。

【专家点评】:对数的理解和判断是婴幼儿智能训练的一个重要内容。尽管对于不满 2 周岁的孩子来说有一定难度,但如果在这一阶段打一点基础,对孩子 2 岁以后形成数概念有帮助。

(四)喜欢什么声音

提前录制好各种不同的声音,例如钢琴声、歌唱声、鸟叫声、下雨声、流水声、碗勺碰撞声、打雷声、尖叫声、拖桌子声等。首先让宝宝辨认都是些什么声音,然后叫他告诉家长哪些好听,哪些不好听。家长可以给孩子演示,噪声是如何发出来的,如尖叫声,同时告诉孩子,如果声音小一点,就不会有尖叫声。告诉他,噪声是可以避免的。

【专家点评】:声音的辨别具有特殊意义,一方面是培养感觉灵敏度,另一方面是增强孩子对外界的适应性,提高生存本领。注意,录音机的声音不宜过大,以免损伤宝宝的听力。

（五）学会脱上衣和裤子

现在宝宝还不会解扣子，这时家长可以帮他解开扣子，然后让他自己脱下上衣。脱裤子时，可以先替他将裤子拉到膝盖处，然后由宝宝自行脱下，以后让他自己将裤子拉到膝盖处。

【专家点评】：如果家长坚持这种让他学会自己动手的行为，并形成习惯，那么可以肯定，孩子的独立性会尽早形成。此外，自己用勺子吃饭，不用家长喂等独立行为都是十分必要的。

1岁11—12个月

到了2周岁，宝宝开始注意大人对自己的评价了，他爱听表扬的话，初步形成是非感。会看图并讲简单的故事，会称呼人。他还会主动模仿成人做一些简单家务活，并能独立扶栏上下楼梯了。

（一）双脚跳

宝宝该学会双脚跳了。可以模仿青蛙和小兔子那样蹦蹦跳跳，但是开始时宝宝双脚同时抬起可能有困难，家长应事先给宝宝做示范动作。可以在宝宝头的上方挂一个他最喜爱的玩具，他如果跳起即可够到它并得到它，慢慢地宝宝会逐渐学会双脚跳起。

【专家点评】：双脚跳起可以视为一个里程碑式的动作，这对宝宝的发育有好处：运动可以使宝宝身体协调，并且锻炼宝宝腿部肌肉。到了2岁时，完全可以训练宝宝的腿部爆发力了。

（二）玩沙

准备小铲、小桶、小碗、喷头水壶等，让宝宝玩沙（沙要用水冲洗过，筛去石头和杂物），尽量让宝宝随心所欲地利用这些工具做“馒头”、垒花坛、砌墙等。

【专家点评】：以前小朋友玩沙是一件十分有乐趣的事，玩沙可以促进宝宝皮肤触觉综合能力的发展，并且使观察从二维空间过渡到三维空间，此外，还可以发展宝宝的想象力。玩沙好处极多，建议家长不要忽视。

（三）教会使用代词

当宝宝饿了时，教他说“我饿了”，而不是说“宝宝饿了”。其中最重要的是教会宝宝第二人称的转化。有人问宝宝“你几岁了”时，他往往说“你2岁”。这时一定要教他说：“我2岁了。”这种第二人称的转化要随时随地地教。

【专家点评】：代词的使用意味着宝宝的语言进入一个新的发展期。此外还可加入数词、量词等，如“一杯水”“两只小羊”。当孩子懂得“你”和“我”的含义不同时，标志着他的自我意识发展到一个更高的水平了。

（四）辨认颜色

到了2周岁时，要教会宝宝准确认识三原色——红、黄、蓝，以及黑与白。

如果以上颜色宝宝能准确认识，建议将红黄之间的橙色和黄蓝之间的绿色放在此时让宝宝辨认。

【专家点评】:辨色是视觉启智的第一件事,准确辨色有助于宝宝开发视力,适应周围环境。注意此时暂时不要让他辨认中间色,如灰色、棕色等。

(五)见人打招呼

家长要教宝宝对不同年龄和性别的人打招呼,如叔叔、阿姨、爷爷、奶奶、姐姐、弟弟等,要反复教。

此外,不同时间段,分别教宝宝说"早上好""晚安"等,见面时说"你好",离开时说"再见",接受东西时说"谢谢",同时教他面带微笑注视对方的眼睛。

【专家点评】:我们反复强调"儿童社会化进程",这种讲礼貌的教育正是一种"春风化雨"式的教育。以前人们总说"这孩子多有教养啊",这里的"教养"正是家长一点一滴教出来的。

2岁1—3个月

大动作在迅速发展,如跳跃、单腿着地,精细动作中完成穿珠子动作。宝宝已经能运用语言表达自己的要求了,喜欢叫同龄小朋友,能自己解开纽扣脱衣服和脱裤子。

这时宝宝正式进入涂鸦期。

(一)"模仿秀"

家长可以先做示范,鼓励孩子模仿以下动物的行为。

螃蟹——四肢着地,横向走路。

天鹅——双手往两旁举起,单脚站立,另一只脚抬起到膝盖的高度。

还可以模仿飞机——两只胳膊横举当机翼，在屋中绕行 2 分钟。

【专家点评】：孩子的肌肉骨骼逐渐发育，正需要通过一些游戏让其得到锻炼，同时这些模仿动作可以让宝宝身体协调。

（二）涂鸦

给孩子彩笔，让他在纸上画，也可以在有瓷砖的地板和墙面上涂鸦，画什么都可以，如画直线、圆、曲线等。主要是鼓励他多画，先不要限定直线画得多直，圆形画得多圆，更不去评判他画得好不好，像不像。家长可以从旁进行一些示范，或者把住他的手去画，但更多的是让他自己画。

【专家点评】：涂鸦是儿童成长过程中必不可少的环节，一方面，这是一种很好的手部精细动作能力的训练，另一方面可以让他获得对线条和色彩的敏感。

儿童画的主要模式是"自由画"，它遵循一个普遍规律，即从涂鸦期到象征期，再到图式期，最后到写实期。自由画的基本特点是给儿童自我表达的自由，排除大人的干预，放手任孩子去画，此时切忌从技能技巧的角度去指导他们。

（三）儿歌

儿歌合辙押韵，朗朗上口，可以教孩子完整地背诵。有些谜语也可以让他背、让他猜，如"麻屋子，红帐子，里面睡个白胖子"。当他猜到是花生时，会十分高兴。

【专家点评】：这是学习语言的捷径，因为儿歌是经过加工提炼的优美、规范的语言，孩子尤其喜欢背，久而久之，儿歌就内化成孩子内心的独白语言，要管用一辈子的。同时儿歌还可以增强孩子对母语韵律感的体会,提高记忆力,激发其学习语言的兴趣。

(四)认识长短、多少、前后、上下

有了大小概念后,我们开始延伸孩子其他的空间感知能力。

通过筷子、绳子、铅笔等,让宝宝识别长短;结合生活实际,如分红枣、摆纽扣,让宝宝懂得谁多谁少;让宝宝两手分别放在身体的前面和后面,或把玩具放在身前和身后,使宝宝明确前后的关系;将物品分别放在桌子上或桌子下,练习分辨上下的能力;将一部分玩具放在盒子里,另一部分放在盒子外,让宝宝分辨里外的关系。(分辨左右关系难度较大,可以放在2岁半以后进行。)

【专家点评】:空间感知能力是形成空间智能的基础,必须在生活中随时随地地教,经过日积月累使孩子形成准确的空间概念。

(五)学用筷子

在盘子里放上花生米、蚕豆、小枣之类的东西,教宝宝用筷子夹起放在另一个盘子里,看看他在规定的时间内可夹几个,并鼓励表扬他。

【专家点评】:筷子是中国的基本餐具,同时又是锻炼孩子操作智商的极好教具,它促进孩子手眼协调,因此我们要充分利用。我们要求孩子3岁以前学会用筷子吃饭。

2岁4—6个月

此时宝宝的自控能力比以前有所加强,开始表现出自尊心、同情心,知道禁止做的事不去做。能背出几首儿歌,喜欢看书翻书,有些小朋友

还能背几首唐诗。动作更加协调了，少有摔跤现象，跑、跳、钻、攀均没问题。

(一)看图答题

让孩子看一张家庭画或相片，事先要求他记住画中有哪些人、有哪些东西，时间是20秒，然后问以下问题。

有几个大人？有几个小孩？有几位男性成人？有几个男孩？男性共有几人？女性共有几人？这个家庭共有多少人？和自己家的人相比，哪个家的人多些？哪个家的男人多些？

【专家点评】：这项游戏包含以下目的：训练记忆力，主要是形象记忆力，训练数数的能力以及应答能力。类似的训练还有很多，如看《娃娃画报》之类的读物，叫他说出画里有多少动物、有几处花等。

(二)学会洗漱

教宝宝学会用肥皂洗手并擦干，教他洗脸，然后教他洗脚。可以口头提醒他准备好脸盆、毛巾等用具，洗时大人应在一旁提醒他洗的顺序，并要求洗完后把用具放回原处。宝宝3周岁时应学会自己刷牙了。

【专家点评】：我们常常看到一些已上小学的独生子女生活不会自理，如系鞋带、穿裤子，这都是孩子幼小时家长大包大揽的结果。其实到了2岁半，孩子都有自我服务的倾向，家长应因势利导，循循善诱，不要剥夺他的独立性。

(三)平衡木

把8块长方形的砖铺平，再铺上15厘米宽的长木板做成平衡木，让宝宝在上面来回走。

如果不行,可以先在地板上画两条相距15厘米宽的平行线,要求宝宝在线内行走,不出线。开始时,家长可用手保护,但反复练习后,一定要宝宝学会不用扶,行走自如。

【专家点评】:我们在儿童感觉统合失调的统计中发现,平衡觉感统失调较为普遍,这些孩子往往走路易跌倒,怕举高,怕上电梯。解决这个问题最好的举措就是走平衡木。

(四)接龙游戏

准备24张圆形或正方形的卡片,红、黄、蓝、绿各6张,然后就可以按颜色做接龙游戏了。

首先按红—黄—蓝—绿的顺序接龙,其次红红—黄黄—蓝蓝—绿绿,然后红—黄黄—蓝蓝蓝—绿绿绿绿,依次类推,可以有许多种排列。

【专家点评】:首先是让宝宝认识颜色,然后建立"次序"的概念,也叫"构建顺序",同时培养观察力,最后,让宝宝自己根据他的理解排列出新的接龙。这无疑是对他创造性思维的启蒙。

(五)文明用语

家长在与宝宝的交往中,或在与他人的对话中,应注意使用文明用语如"您好""谢谢""晚安""再见""对不起""没关系"等。这种潜移默化的教育自然而然地让孩子在熏染中养成了礼貌待人的品德。

【专家点评】:身教重于言教,乃至于不教而教,是教育的至高境界。这样的榜样诱导,环境濡染,即使您不在身旁,他都能自觉遵守礼貌待人的基本原则,即使是家庭成员之间的交往也要有礼貌。因此言传身教,为孩子营造一个良好的文明用语环境不可忽视。

2岁7—9个月

宝宝此时该在具备跑跳能力的基础上，学会控制重心（如单足站立、单腿跳等）。

代词的运用能区别你、我、他，开始说复合句和结构复杂的单句，如“我爸爸今天上班去了”。学会了文明礼貌的交际用语，但有些认生。

思维方面，开始有了顺序概念。独立意识加强，表现为固执、不听从，进入人生第一个心理反抗期。

（一）职业识别

搜集汇总多种行业典型的人物图片，最好选择有职业服装的，如解放军、警察、医生、护士等，让孩子判断他们是干什么的。

可以设计一些简单的情景，让孩子判断该找谁，比如：“宝宝生病了，该找谁？”让孩子准确将医生的图片找出来。又比如：“你在街上迷路了，找谁？”“找警察叔叔。”“那好，把警察叔叔的图片找出来。”

【专家点评】：这是儿童社会化进程中一个必不可少的环节，使宝宝知道各种职业的社会职能，这种判断的游戏完全可以在生活中持续进行，如带孩子到街上，让孩子指认所学过的不同职业的人（这里主要特指有职业服装的群体，如军人、医生等）。

（二）时间知觉

让宝宝知道白天、晚上等时间概念。

准备早上和晚上的图画，指着早上的图画问孩子：“这是白天，还是晚上？天上有什么？（太阳）”“树上又有什么？（小鸟）”“小朋友在干什么？（做早操）”

然后指着另一幅图画：“这是晚上还是白天？”（问话时，一定要把正确的放在前面，避免他“顺竿爬”。）“晚上的天空什么出来了？（月亮、星星）”“小朋友在做什么？（睡觉）”

父母还可以提出以下问题：“太阳升起来的时候，是上午还是下午？”“太阳落下的时候是下午还是上午？”“现在是上午还是下午？”

【专家点评】：时间知觉要比空间知觉启蒙得晚一些，因为它更抽象，但启蒙也不应太晚，因为时间知觉对孩子养成有规律的生活习惯有好处。由于时间知觉相对来说不那么具体，所以启蒙首先从具体感性的认识入手，最后通过词语进行概念的建立。

（三）骑“三轮车”

这里指的是童车。家长在开始时注意用小绳拉着，或扶着车帮他用力，但最终仍要求他独立骑车往前走，并且学会转弯。

【专家点评】：这是一种平衡能力的训练，对小脑的发育很有好处。

（四）口数一致

教宝宝数实物如糖果、纽扣、棋子等，刚开始宝宝数数往往与手指的实物数量不一致，所以先训练从 1 数到 3，再训练从 1 数到 5，务必达到口数一致。

【专家点评】：从一般发展规律来看，婴幼儿是先发展语言，后发展数感能力。我们要求 2 岁半以后，开始加大孩子数学逻辑智能的训练力度，而这种训练，应从数数开始。

(五)学会等待

在游乐场里坐飞机、玩木马等时,教他排队等候;当他要吃东西时,告诉他"你先玩一会积木,搭好了积木,妈妈看见了,再给你糖吃";当他在商场哭闹着要买某一件玩具时,告诉他"这个玩具还不是你这时能玩的,等你稍微长大一点,我一定给你买"。

【专家点评】:等待和忍耐是人生中必备的基本素质,孩子当然要学会,这对他人格健康发展有积极意义。

2岁10—12个月

这一阶段宝宝开始进行一些复杂的身体运动了,如拍球、踢球入门、走"S"线、攀登等,精细动作中学会使用剪刀和泥捏。能口头表述某些物件,如"杯子是白色的,用来喝水的",并开始有个人特殊的认知倾向了。社会交往能力加强,学会了分享和合作游戏,愿意参加群体活动了。

(一)自然观察智能训练

选择风和日丽的日子,带孩子到郊区或公园(最好到植物园),引导孩子观察各种植物,如小草、花等,观察一些小动物及昆虫的活动,如蜜蜂采蜜、蚂蚁搬家等。在此期间,可以收集一些植物标本让孩子带回家。

家长还可以引导孩子观察天空,让他回答云的形状像什么,观察小溪的流水,倾听小鸟的鸣叫和松涛声。

【专家点评】:人是自然之子,孩子在大自然中学到的东西远比在家里学到的多。家长千万不要带孩子到那里后就任其自由玩耍,而是要“指指点点”，看到什么教什么，对他提问，比如：“天上那朵云像什么？”不管孩子回答说像什么，一概不要否定，因为这正是他发挥想象力和创造力的表现。

（二）音乐智能训练

即培养宝宝对音乐表演的兴趣和能力。

大人先教孩子唱一首歌，使孩子能较流畅地唱准歌词、节奏、韵律。孩子熟悉歌词后，家长可根据歌词的内容，编排出相应的舞蹈动作，最好能和孩子一起跳。最后，有意识地鼓励孩子在客厅里为客人表演。

【专家点评】：此时的孩子十分乐意借助音乐进行自我表现，所有的宝宝在听音乐或者学习唱歌时，都会对那些富有情节色彩、情感丰富的歌曲产生浓厚兴趣。值得指出的是，当他能在客人面前表演时，不知不觉他也不认生了，落落大方了。

（三）泥捏

泥捏是训练精细动作的经典活动之一，这个泥可以是橡皮泥，但最好是自然泥土。

先教他捏一些简单的器皿，如盘子、勺等，待他兴趣提高了，可再教他捏出房子、城堡、船等。

【专家点评】：玩沙玩泥巴是老一代人小时候经常进行的活动，现在条件好了，很多家庭更重视高档电动玩具，但高档电动玩具在培养孩子动手能力、造型能力，训练手眼协调能力等方面，远不如玩沙玩泥巴。我们建议家长补上这一课。

(四)反义词

先让宝宝看一些图片或实物,教他识别大小、冷热、高低、胖瘦等,比如家门口摆放各种鞋子,有爸爸妈妈的,也有宝宝自己的,让他知道"爸爸的鞋是大的,我的鞋是小的"。

然后提要求:我说一个字,你也说一个字,但你说的这个字要和我说的这个字相反,比如我说"大",你就得说"小",听懂了吗?

当孩子点头示意后,开始以下练习:高(低)、快(慢)、冷(热)、甜(苦)等。

【专家点评】:这是重要的语言训练,这种训练将宝宝使用的语言从名词扩大到形容词。其中"甜"的反义词"苦",孩子往往答不上来,这是因为孩子不知"苦"是什么滋味,现在连孩子吃的药大都是甜的了,建议让他吃点苦瓜,补上这一课。

(五)自我介绍

到了3周岁,如何衡量您的孩子完成了"儿童社会化进程"的第一步,自我介绍就是一道测试题,它可以检验您的孩子通过3年的努力,是否由一个"自然人"过渡到了"社会人"。

【专家点评】:有的家长说:"这有什么,我的孩子2岁半就会自我介绍了!"但是且慢,这里的自我介绍是有条件的,以下三个要素有一个达不到,您的孩子就不算完成了"儿童社会化进程"的任务。

1. 自我介绍不是指面对亲人,而是要求在大庭广众之下,或在陌生人面前。

2. 自我介绍的内容不得少于以下3项(当然越多越好):我叫什么,我是男孩还是女孩,我今年几岁了。

3. 自我介绍时,必须口齿伶俐,声音洪亮,不怯场。

三、第三阶段　学前期（3—6岁）

3—4岁

3—4岁，孩子的活动范围明显扩大，大肌肉动作比较协调，但小肌肉动作仍显得笨拙。

感知觉比以前提高了，比如能准确分辨六七种颜色，尤其是能通过语言，而且仅通过语言就能对方位产生概念（这叫“表述空间”）。

开始由不随意注意向随意注意过渡，对事物记忆保持的时间延长了，一般可保持两三个月。

有一个明显的变化：思维和想象力明显发展。表现出自觉动作思维向具体形象思维过渡的特点，但还不能做复杂的分析综合。想象力丰富了，但往往将想象与现实混淆。

语言的基本表达没有问题，有些孩子能使用复合句表示因果关系、转折关系、让步关系等，比如“如果今天不下雨，爸爸会带我上公园”等。

注意：自我意识的形成，独立性的发展，使得这个年龄段的孩子表现出心理反抗。这时的孩子会有不少逆反心理和逆反行为，难管教，常与大人对立，自我中心意识很强，不善于自控。

（一）分类游戏

准备18张卡片，其中，红、黄、蓝、绿的正方形卡片各两张，红色的三角形两张，蓝、黄、绿各一张，红色的圆形卡片两张，蓝、黄、绿各一张。

首先做按颜色分类的游戏，“把红色的卡片放在一起”“把黄色的卡片放在一起”等。然后按形状分类，“把所有正方形的卡片放在一起”“把圆形卡片放在一起”等。

在开始运用颜色分类时，不要强调形状。但到后来按形状分类，在说“正方形”“圆形”“三角形”这类词的同时，一定要指着相应的卡片，这样，孩子就会把“正方形”“圆形”“三角形”这些词的词义特征和您输送给他的语音特征结合起来了。

【专家点评】：利用 18 张卡片还可以做大量锻炼儿童思维的游戏，这是瑞士著名的儿童心理学家皮亚杰经过 50 年研究，和他的助手一道设计出的针对儿童分类、序列、一对一、守恒等思维的游戏。我们在 20 世纪八九十年代，曾对武汉市数百个家庭中 2—6 岁儿童推广实践，效果极佳。

分类是构建数学逻辑思维和科学意识的基石，整个自然科学就建立在分类的基础之上。因此，在幼儿开始从具体形象思维向抽象思维过渡的时期，首先上的第一课就是学习分类，即学会将物体按相同的属性分组，比如“都是红色的”“都是圆形的”等。

（二）儿歌、谜语、故事

3—4 岁是孩子语言能力迅速发展的时期，应充分利用儿歌、谜语、故事这些经过加工提炼的规范优美的语言发展他成段表达独白语言的能力，下面介绍几首儿歌和谜语。

小白兔

小白兔，白又白
两只耳朵竖起来
爱吃萝卜爱吃菜
蹦蹦跳跳真可爱

数青蛙

一只青蛙一张嘴
两只眼睛四条腿
扑通一声跳下水
两只青蛙两张嘴
四只眼睛八条腿
扑通扑通跳下水

找朋友

找呀找呀找呀找
找到一个好朋友
敬个礼,握个手
你是我的好朋友

小板凳

小板凳,你莫歪
让我爷爷坐下来
我帮爷爷捶捶背
爷爷夸我好乖乖

青石板

青石板,石板青
青石板上钉铜钉
铜钉亮晶晶
朝我眨眼睛

拉大锯

拉大锯，扯大锯
锯木头，盖房子
姥姥家，唱大戏
接姑娘，请女婿
小外孙，你也去

小老鼠

小老鼠，上灯台
偷油吃，下不来
叫妹妹，唤猫来
小老鼠，一见猫
吱溜吱溜跳下来

谜语

麻屋子，红帐子，里面睡个白胖子。（花生）
紫色瓶子紫色花，紫色瓶子装芝麻。（茄子）
千条线，万条线，掉到水里看不见。（雨）
有扇门儿不算大，会吃东西会讲话。（嘴巴）

【专家点评】：别小看这些儿歌、故事和谜语，这种良好的语言熏陶造就了多少杰出人物！我们在这里特别强调，儿歌一定要选择那些脍炙人口、经久不衰、朗朗上口的，谜语要选很容易让孩子产生联想的、形象生动的，故事一定要选那些情节生动、贴近孩子经验的。

年纪大的人都会有这样的体会，近期的许多人和事都忘却了，而幼年时从大人那里听到的故事还记忆犹新，甚至还可以背出小时候奶奶教的几首儿歌。因此，特别建议家长在实施早期教育时好好利用一下这种“送上门来的学习”。

（三）通过“封锁线”

在房间里画两条平行线，平行线中间设置一些障碍作为“地雷”，如装有玻璃球的铁皮罐头盒，然后在天花板上吊一些花篮之类的悬挂物，里面装有乒乓球之类的易滚动物品，作为“空中堡垒”，注意悬挂高度应稍低于孩子身高。

让孩子一只手抓住椅子背，另一只手抓住椅子前端，椅子上放一些小玩具，如不倒翁、积木，让孩子举着椅子过平行线：下不能碰响“地雷”，上不能碰到“空中堡垒”，也不能让玩具从椅子上掉下来，两旁不能踩到平行线。成人可在一边发号施令，如“加速”“立定”“弯腰”等。

当玩具从椅子上掉下来时，成人可帮助他拾起玩具放在原位，但不应让其半途而废，应让孩子继续保持椅面的水平状态，并继续前进，突破“封锁线”。

【专家点评】：3岁以后，该让孩子做一些难度大一点、复杂一些的游戏，这对锻炼他的毅力，培养沉稳、谨慎的性格有好处。

通过“封锁线”也是一个感觉统合训练，这种训练涉及儿童的心理、大脑和躯体三者之间的相互关系，而不只是一种生理上的功能训练。儿童在训练中能够获得熟练的感觉，增强自信心和自控能力，并在家长的指导下，感觉到自己对躯体的控制。他会变焦虑为愉快，乐于面对更难的挑战，所以，此类游戏是全身心的训练，建议多多进行。

（四）讲故事答题

给孩子讲《乌鸦和狐狸》，这个故事层次分明，便于孩子复述。

一天，一只乌鸦偷到一块肉，它躲到一棵树上准备在那儿吃早餐。

这时狐狸走过来说："亲爱的乌鸦，您真漂亮呀！您的脖子真美呀！您的眼睛是那样的迷人，您的羽毛真好看！"

狐狸见乌鸦还是咬住那块肉不放，就说："您的歌声最美妙了，您唱支歌吧。"

乌鸦经不住狐狸一再的赞美，忘了叼在嘴里的那块肉，张开嘴唱了起来。

乌鸦一张嘴，肉块便从它的嘴里掉了下来。狡猾的狐狸叼起那块肉就跑了。

故事讲完了，可以先提几个问题：

①狐狸为什么要骗乌鸦？

②乌鸦为什么开始不理会狐狸？

③乌鸦最后为什么张嘴唱歌？

④乌鸦张口唱歌后，狐狸做了什么？

然后可以叫孩子独立复述，要求表现出不同角色的语气。

最后，引导孩子讲一个不同的结尾，比如乌鸦看出了狐狸的诡计飞走了。

【专家点评】：如果家长有一本画册，可以一页一页地指点给孩子讲其中的故事，这就是阅读的准备阶段。为了满足孩子的内在心理需求，一定要选择这类很有乐趣、让人忍俊不禁的故事。德国伟大的文学家歌德的母亲从歌德 2 岁开始，就把读故事、讲故事作为每天必修课来对待。有时母亲提出问题和歌德讨论，有时还故意不把故事讲完，第二天再讲时，先要歌德把他自己设想好的结尾讲出来，然后母亲巧妙地把歌德设想的结尾中的合理部分糅进故事结尾。就是这样长期的熏陶和训练，造就了德国一代文学宗师。

（五）合作游戏

画两条相距七八米的平行线，一条为起点线，一条为终点线，在起点线和终点线上各预备一只气球，找一位邻居孩子做宝宝的搭档。

口令下达后，两个孩子将起点线的气球顶在两个人的头中间，互相配合走到终点线，到达终点线后，还要再将另一只气球用同样方式顶回起点线。其间气球若因配合不好而中途落地，应叫他们拾起重新再来。

如果有六七个孩子在一起玩，可以两两分组进行竞赛。

【专家点评】：培养合作精神需在具体的活动中进行。运气球这类活动正需要配合默契，同时还要相互沟通，而这些正是这个年龄段的孩子需要获得的品质。

（六）走迷宫

准备一个设计好的迷宫图（开始时应简单一些），问孩子："这是迷宫游戏，从这里进去，怎么走才能找到球？"

叫孩子用铅笔画出前进的路，家长可以随时提醒孩子，比如指着盲道说"注意，不能走不通的路"，指着路两边的线说"这是墙，你不能穿过墙壁"。

实践证明，3岁以后，所有的孩子对走迷宫都会表现出浓厚的兴趣。

【专家点评】：培养孩子的空间智能和判断能力，走迷宫是一种十分有用的方法。在孩子喜欢上这种游戏以后，可以将图形复杂化，开始时可进行必要的引导，但在以后应让孩子自行处理。

（七）大笼球

大笼球是直径60—100厘米的弹性充气圆球，可以用来做以下活动。

1. 俯卧大笼球。

让孩子以腹部为支点，趴卧在大笼球上，头部抬高，视线向前，家长抓住他的双脚，将两腿并举，配合大笼球的转动，轻微地前后推拉和左右移动。

2. 仰卧大笼球。

让孩子仰躺在大笼球上，以腰部为支点，家长握住孩子的双脚、大腿或腰部，做前后左右的推动。

3. 倚靠大笼球。

将大笼球放在墙脚，让孩子颈、后背或腰部靠在上面，扭动身体使球在身体和墙壁之间滚动，或晃动身体使之受到挤压。

4. 坐上大笼球。

将孩子扶坐在大笼球上，进行前后左右的推动，让大笼球在孩子的屁股下面做前后左右的转动，也可以扶着孩子的身体，利用大笼球的弹性进行有节奏的上下振动。

注意，在进行这些活动时，需要家长协助保持球的稳定，并指导孩子双手平举或叉腰保持平衡。

【专家点评】：这是另一类感觉统合训练，可以丰富孩子的前庭感觉，强化前庭体系机能，以及身体肌肉的张力，同时可以激发孩子身体的自我保护功能机制。这类活动对触觉迟钝、身体协调不良或多动的孩子有特殊的效果。

（八）找缺少的部分

准备画有苹果、汽车、眼镜、人的脸部、钟表等事物的画，每幅画中的图形都缺少某一部分,如钟表缺长针、人脸缺嘴巴等。让孩子仔细观察图画,引导他指出每幅画中缺少的部分。

【专家点评】:即使孩子还不能够完全完成这项任务,家长也用不着担心,因为观察事物的能力是从整体到局部来发展的,他目前还不能达到细致入微的程度,但家长应有意识地开始进行训练了。这种训练还要在今后多次进行,这对孩子有很大好处。

4—5 岁

这一阶段孩子的思维开始从形象思维向运算思维发展,感知能力飞速提高,不但认识基本的几何图形,还可以比较长方形、椭圆形、梯形等几何图形的异同。

4 岁左右开始,孩子的肌肉已经能够支撑自身的体重了,他东跑西跳,无一刻安宁,从自己的动作所带来的变化中找到无限快乐。

此时的孩子已经能比较好地表达自己的愿望和要求,这一时期可以说是他一生中词汇量增加最快的时期,他一生掌握的基本概念在 5 岁以前完成了 90%。

4—5 岁的孩子自我中心意识强,要注意培养他和同龄伙伴的相处技巧,帮助他调整好自己心态。

(一)锻炼思维

家长给孩子进行的分类训练,到现在应该比 3—4 岁时“更上一层楼”了,也就是应提出更高的分类能力的要求,比如说双重概念分类。还是利用 18 张卡片,要求按卡片的双重属性分类,如“把红色的正方形放在一起”,这就是既有颜色属性,又有形状属性的分类。还可以肯定加否定分类，如“把不是蓝色的三角形放在一起”，否定“蓝色”，肯定“三角形”。

到了4—5岁，还应教他按系列顺序排列物品。如六七根吸管，第一根保持全长度，第二根去掉一半，第三根去掉四分之三，依此类推，于是就有六七根长度不同的吸管，将它们混杂着放在桌上。

问孩子：“你能把这些吸管摆成阶梯吗？”

要求他必须将每一根吸管的一端摆在一条直线上对齐，如对齐桌子的边，不然孩子很容易只注意吸管的一端成了阶梯形，而不考虑另一端是不是很整齐。

【专家点评】：掌握了分类的技巧，他们的思维便有点像图书馆或博物馆里井井有条的架子，东西各归其类，各就各位。他们学到的知识不仅仅是储藏起来，而且得到了适当的分类。这种分类不会再打乱，而只会用新的材料加以补充和丰富。接下来应是序列的训练，序列让孩子的思维有条不紊。注意您的孩子是否反复尝试将吸管排成阶梯形，他是用两根吸管相互对比，再拿其他的作比较，还是首先找出最长的(或是最短的)一根，然后再进行有系统有条理的比较排列，这两者是有区别的。

(二)趣味横生的折纸

折纸是一种既简单实用，又趣味无穷的游戏，小小的一张纸，在手中经过巧妙的变化能成为船、飞机、衣服、帽子、动物等不同形态。孩子可在折纸中认识和巩固各种几何图形，感受边、角、面、线、点之间的关系。开始学折纸，家长应先示范，然后引导孩子自己学会从简单形状入手。折好的船一定要浮在水面，小飞机一定要飞起来。在折纸过程中，必要时可借助剪刀之类的工具。

【专家点评】：折纸游戏是一项既动手又动脑的自行制作玩具的

游戏,在古今中外家庭教育中被普遍运用。这里面还有一个更有意义的作用,即激起孩子的创作欲望。刚开始他会遵循家长的指导折出相应的东西,但之后他会探索出新的造型和折法,家长此时应该予以鼓励和帮助。

(三)袋鼠游戏

孩子脱去鞋子,双脚踩在爸爸(妈妈)的脚背上,双手与爸爸(妈妈)相拉,一起前进或后退,学做“小袋鼠”。如果孩子的脚从爸爸(妈妈)的脚背上滑落,游戏得重新开始。

这个游戏还可让孩子的双脚分别踩在爸爸妈妈的左右脚背上,与爸爸妈妈同时前进和后退。

【专家点评】:家庭游戏不必借助过于复杂的器物,这个游戏徒手就可以玩。这种游戏特别能提高孩子的动作协调性和平衡能力,培养孩子的合作意识,同时,这无疑也是一种进一步融洽亲子感情的方式。

(四)非常规用途

家长可以问孩子:“砖头有什么作用?”当他说“砖头可以造房子”后,家长可以继续问下去:“你说说看,除了可以造房子,砖头还有哪些其他的用途?尽量说。”

砖头的用途有很多,例如:砖头可以垒花墙、铺路面、砌炉灶,下雨的时候砖头可以“搭桥”。有一位小朋友说:“砖头可以做武器,打坏人。”

再比如家长可以问孩子报纸有什么作用。

报纸的常规用途当然是阅读,但非常规用途也很多:折成帽子、折成飞机、燃烧生火、擦脏东西、铺在屁股下面坐、包东西、遮雨、卷成棍子……

类似的问题还有：铅笔、皮鞋盒……有什么作用？

【专家点评】：培养孩子的创造性，必须从小让孩子打破已有的思维定势，扩散思维，开发新的思考方式，而不是拘泥于唯一的答案，这对孩子今后的学习和生活都有十分重要的影响。当今社会倡导创新精神，反对墨守成规，不欢迎不敢越雷池一步的人，创新的意识和能力必须从小开始培养。

（五）荡秋千

让孩子坐在秋千上，慢慢地推，不要使他产生恐惧心理，等孩子习惯后，让他按照推的节奏一个人练习荡秋千。接下来的事是让孩子练习弯腰，伸直足部，用力荡秋千，使摆幅增大，速度加快。

注意提醒孩子，当秋千完全停稳后才可以下来。

【专家点评】：荡秋千是传统的大运动训练，目的是促进孩子身体的全面发育，增加平衡感，培养韵律感和勇敢精神。与此同时，跳绳、跳房子、单杠游戏、云梯等活动都应相继展开，让孩子身体的协调性、柔韧度得到提高。

（六）观察事物

1. 沉浮现象。

把小木块、硬币、小铁片、玻璃球、皮球、小铁盒等物体放在孩子面前，让孩子一个个放入水中，看哪些沉哪些浮，并启发孩子想一想，为什么有些沉下去，有些浮上来，为什么同样是铁，铁片会沉而空铁盒却不沉。还可以向孩子解释并示范：同样是硬币，竖着放进水中会沉，而平着轻稳地放在水面却不沉。

2. 吸铁现象。

用吸铁石去吸各种小物品，如木块、纽扣、别针、回形针、瓶子盖等，孩子会发现有的能吸住，有些吸不住，此时家长可以讲解吸铁石的原理，以及铁和非铁物质的区别。

3. 颜色变化现象。

准备一盆清水，几种经过稀释的颜料。先将一种颜料滴入盆中几滴，让孩子观察它在水中的扩散，直到整盆水都染上了颜色，然后滴入另一种颜色，经过混合可得到一种新颜色。这样依次试验，可让孩子了解到水能稀释的特性和不同颜色调和的规律。

4. 吸水实验。

把干布、棉花、海绵等放进水里让孩子观察变化，然后捞起来将水挤出，再将硬而不吸水的铁片、塑料片放入水中，让孩子观察比较哪些东西吸水，哪些东西捞出来后干得快，让孩子了解水的渗透特点。

【专家点评】：科学意识从小培养，家长必须有培养孩子从小爱科学、爱钻研，尤其是爱观察事物的意识。这些科学的意识是从观察一些细小的事物开始的，这些观察活动造就了孩子探索的精神品质，他会有旺盛的求知欲和强烈的好奇心。

（七）教孩子用手指指字阅读

在有一定的亲子共读的体验之后，家长可以采用以手指指字的方式让孩子进入阅读，方法是先让孩子背一首儿歌如：

小绵羊，卷卷毛，
上山坡，吃青草。
花儿香，鸟儿叫，
小羊乐得蹦蹦跳。

然后打开书，让孩子"对号入座"，一个一个地指着书上的文字念。这种方法的好处是利用已经背熟的条件使"音形重合"，让孩子可以通过上下文和语言的逻辑联系较快地掌握这些字，而不是孤立地识字。正所谓"字不离句，句不离文"，指的就是在有完整意义的语言背景下掌握这些字。

【专家点评】：让孩子进入阅读，是早期教育的一个重要课题，我们不提倡"为识字而识字"，识字并不是目的，而是手段，是为了达到孩子在学前阶段"喜欢读，会读"的目标的手段。那为什么要以手指指字呢？因为年龄的原因，只有以手指指字，孩子才会"手指着这个字，眼睛看这个字，嘴里念这个字，脑子里记这个字"。这就是综合利用"眼、口、手、脑"，慢慢地他就喜欢读书了。

（八）沙包游戏

准备两个沙包，若干小动物头饰，若干相应的小动物卡。让孩子当猎人，手拿两个沙包站在前面，爸爸妈妈戴着小动物的头饰充当小动物站在小猎人后面，小猎人往前走时，小动物也尾随小猎人轻轻往前走。突然，小猎人转身将两个沙包向后抛去，小动物会迅速躲避，如果被沙包打中，则意味着被小猎人捕获，此时孩子可得到相应的动物卡片，而被打中的人更换头饰，游戏重新开始。

父母可与孩子变换角色，比赛谁是最佳猎人。

【专家点评】：这个游戏可以训练孩子动作的敏捷性和准确性。我们知道，所有的体育竞技项目都是"定向运动"，因为运动定向能更好地锻炼大脑的指挥能力。通过游戏进行定向运动训练，可以增加乐趣和成就感，以及孩子的竞争意识。

5—6 岁

这个阶段的孩子能对生动形象的东西保持较长时间的注意。据测试，幼儿这个时期集中注意的时间最长可达 15 分钟或以上，而且注意力的分配也有较大发展，比如边唱边跳边注意自己在队伍中的位置，并随时调整。

能运用一些简单的记忆方法加强自己的记忆，抽象概括能力开始萌发，最显著的特点是可以不凭具体形象，而仅靠词语来理解空间和因果关系。

幼儿有提问的欲望，不满足“这是什么”，而要问“这是为什么”。情绪表达随着年龄增长逐步趋于稳定，有同情心，集体荣誉感加强，有克服某些困难去达到目的的愿望和行动，自信心加强了，乐于与他人交往。

（一）科学小实验

1.“跳跳钱”。

将小玻璃瓶置于冰箱中，5 分钟后，将凡士林涂在瓶口边沿，并以硬币覆盖。让孩子双手握住玻璃瓶为瓶子加热，一会儿，硬币会突然蹦到瓶口外。

在这个小实验中，凡士林的作用是让硬币和瓶口多接触一会儿，直到玻璃瓶内热到一定程度且压力加大，就会产生“跳跳钱”的效果。

2. 盐和胡椒粉分离。

盐和胡椒粉混合后，怎样使它们分离呢？让孩子用羊毛布摩擦塑料汤匙，然后将汤匙慢慢移至撒在桌上的盐与胡椒粉的混合物上方，再慢慢往下移动，这时，胡椒粉会跳上来黏附在汤匙上，而盐则留在了桌面上。

【专家点评】:科学小实验是家长教育孩子热爱科学和探索的最好方法。做这些实验,不要让孩子感到是在变魔术,而是不失时机地告诉孩子"热胀冷缩"的物理现象以及"静电感应"的原理。

科学教育的内容应从身边取材,引导孩子探究身边常见事物的特点,发现其中有趣和奇妙之处,激发他们的探究热情,使他们从小就善于观察和发现。孩子们会感到"科学并不遥远,科学就在身边"。

(二)分类的实际运用

准备 20 种和下列相类似的物品(物品的总数量是双数,而且物品不能重样),如:铅笔、扣子、肥皂、夹纸的夹子、线轴、海绵、石头、瓶子盖、橡皮、匙子、小珠子、别针、牙刷、小梳子、发夹、干果、一张砂纸、一束棉花等等。

将以上物品分开放在桌上,向孩子谈谈这些物品,鼓励他除了用颜色、形状和大小等熟悉的方法之外,再想些新的方法来描述这些物品,并将他们分类。

家长可以开个头,拿起一支铅笔和一块橡皮说:"它们是一类的,因为它们都是文具。"

轮到孩子了,看他拿起什么东西,能否找到这两样东西共同的属性。比如他拿起牙刷和肥皂,说"这两样东西可以放在一起,因为它们都是清洁用品",只要言之成理即可。

游戏如此进行,直到所有的物品都分完为止,看看谁是胜利者。

在游戏中,如果孩子的分类有明显的概念错误,应当场提出并纠正。

【专家点评】:分类是逻辑思维的基础,整个自然科学领域可以说就是一门分类学。当孩子按实物分类时,他实际上已具备概括能力了,这是一个不小的进步。这种概括能力是由两部分构成的:对物品的观察（不仅看，还包括触摸、挤压、拨弄等动作）以及通过观察得出结论的能力。

（三）听觉注意

要求孩子闭上眼睛，背对大人。大人采用不同的节奏击鼓，如：

第一次用“”

第二次用“”

第三次用“”

每次击鼓后，问孩子刚才听到的声音是什么样的节奏，并要求他开口重复刚才的节奏。

【专家点评】：我们发现部分儿童有学习困难，这种困难又往往是因为“听觉加工技能”有一定缺陷。现实生活中，听与说是密不可分的：不会听的孩子，说话往往语无伦次。这种听觉注意训练也是一种听觉记忆力的训练，家长还可以延伸开来，开展听觉辨别力训练，如分辨不同的音调、音色，分辨声音的方向，分辨相似的声音等。

对于有听力障碍的儿童，环境中的声音输入常被大脑扭曲，不能进行有效的组合、处理，或者这些输入他们正常地接受了，却无法印记在大脑里。对于这种情况，家长更要耐心地给予强化输入，这可以使其在某种程度上得以改善。

（四）百宝箱

用一个皮鞋盒或纸盒做成一个“百宝箱”，箱内装着不同外形的物品，如瓶盖、火柴盒、橡皮、围棋子、手镯、玻璃球等。

遮住孩子的双眼，让他将手放进“百宝箱”，每次取一件物品出来，要求他以双手触摸感觉物品的形状与大小，并说出物品的名字。

当这项任务完成以后，应在“百宝箱”里放入不同形状的积木，如球体、三角锥体、圆锥体、正方体、长方体、多面体等，要求他说出这些立体积木的名称。

【专家点评】：用双手“看”东西，可以形成他三维空间的概念，尤其是识记不同立体形状的名称，对他今后的学习有好处。

（五）出版第一本自传体的书

给孩子准备胶水、笔、剪刀、剪贴纸、各种杂志画报、家庭成员的相片等，让孩子将数张剪贴纸装订成一本书，并在封面写上“我”。接下来，可以用以下标题作为书页的标签，如：“我的身体”“我最喜欢的颜色”“我的家庭”“我的宠物”“我最喜欢的运动”“我最爱读的书”等等。

最后让孩子编辑创作自传体的书。例如在标明“我的手”的书页上，孩子可以按个手印；在“我最喜欢的运动”这页，可以从杂志上剪下运动的图片贴上去；在“我的家庭”这页，可以贴上爸爸妈妈和自己在一起的照片。创造的可能性还很多，这本书可以继续加厚，鼓励他收集汇总资料，家长可以参与并予以指导。

【专家点评】：幼儿要有良好的自我意象。当他进行这项活动时，他实际上是在重新塑造自己，形成良好的心态，而收集资料正为他今后的校内学习打下基础。

（六）为入学作准备

1. 激发孩子上学的欲望。

家长应有意带孩子到准备入学的小学去参观，可以给孩子讲讲自己小时候上学高兴的事，让学校成为孩子向往的美好地方。

2. 培养孩子尊敬老师的良好品德。

父母可以回忆儿时老师对自己的教诲，时刻流露出对启蒙老师的怀念和尊敬，要注意千万不能说“你不听话，让老师来整你”之类的话。

3. 养成孩子良好的生活卫生习惯，尤其是生活自理能力。

在作息时间上应逐渐调整接近小学生的时间安排，严格执行睡眠的时间规定并让孩子学一些交通安全规则等。

4. 物质条件的准备。

先根据孩子的特点购买适当的学习用品，在家里事先为孩子安排出专用的学习位置，添置书桌、台灯之类的用具。

【专家点评】：幼小衔接是不可忽视的问题，孩子在入学前准备充足，一开始就会处于有利而不是被动的状态，有经验的老师一眼就可以看明白。实践证明，处于有利状态的孩子会很快进入新的状态，对今后的成长十分有利，相反，一开始被动，今后处处被动，再改变起来就十分困难。

（七）走向社会，走向大自然

婴幼儿早期教育除了培养他良好的性格、聪慧的头脑，还有一个重要任务，那就是从小培养他博大的胸怀。

鼓励他走向社会，与不同的人交往，学会礼仪，学会待人接物，到街上注意观察行人，注意橱窗里的各种摆设，注意交通信号。鼓励他走向大自然，参观植物园、动物园，并让他参观以后回家向爷爷奶奶汇报，看到了哪些花草树木，认识了多少虫鱼鸟兽。

旅游可以使人开阔眼界，扩展见闻，体验自然界的风风雨雨，观察各种美丽的山川景物，亲身体验各种生活场面，这些都是培养孩子胸怀必不可少的因素。

【专家点评】:以为孩子太小带他出门似乎用处不大,是一个陈旧的甚至是错误的观点。激发孩子热爱生活、帮助孩子开拓视野不是可有可无的,而是必须的。也许这不会产生立竿见影的效果,但肯定具有远期的效益,他将全面发展,成为最具开拓精神的人、最善于与人合作的人。培养21世纪具有健全人格的新公民,需要孩子走出去,面向世界,面向未来。

1986年9月25日,世界各国的儿童代表在纽约法拉兴草坪公园签署了《儿童和平条约》,今天,让我们成年人认真读一读这充满拳拳爱心的"儿童宣言"吧。

我们世界的儿童,宣告未来的和平。
我们想要一个没有战争和武器的星球,
我们要除掉疾病和破坏,
我们不要仇恨、饥饿和无家可归,
我们要废除这一切,
我们的大地给予我们足够的食品——我们将共享,
我们的天空给予我们万里彩虹——我们将珍爱,
我们的河水给予我们不朽的生命——我们将保卫,
我们要共同欢笑,共同游玩,
共同工作,互相学习,
探索和提高大家的生活。
我们是为和平,
为现在的和平,永久的和平,
我们大家的和平。
世界上的成年人和我们一道,
你们丢掉的只是恐惧和悲伤,
抓住我们的欢笑和想象。

我们团结一心，和平就有可能。

看吧，这就是儿童，未来社会人格健全的儿童的心声，这份《儿童和平宣言》告诉我们什么叫胸怀，什么叫人格发展的方向。我们不仅要儿童关心自身的饮食起居，而且要关心全人类的幸福生活！

未来属于他们。

曙光属于他们。

无限瑰丽的虹彩霓霞都将属于他们！

第四篇　作者答疑

一、答疑篇（上）

二、答疑篇（下）

这部分在收集了上千个家长急切想了解的关于早期教育的问题的基础上，精选了几十个具有代表性的问题进行解答，旨在帮助家长从困惑中走出来，回到科学育儿的轨道上来。

但是，每一个孩子都有其独特的个性和不同的环境背景，气质类型也不同，家长对此可以作为参考，但具体针对您的孩子未必就那么灵验和准确，这一点是需要说明的。

还有，由于本人研究方向的局限，这些问题主要是针对教育方面，涉及心理学的问题也会多一些，无法完全兼顾营养、保健、疾病预防等问题。当然，这些问题后面也稍微涉及，只不过是些我有把握回答的问题。

贝多芬说："我不知道有什么职责比培养一个孩子成长更神圣的了。"这句话可称得上一字千钧。我想在这里冒昧补上一句："我们也不知道有什么活动比早期教育能得到更灵验的'因果报应了'!"

让我们和孩子们共同成长吧。

一、答疑篇（上）

1. 我的儿子 2 岁半了，特别淘气，甚至可以说捣乱。你帮他洗手吧，他只顾玩水，弄得到处都是水，他会很开心地把面巾纸一张一张地从纸巾盒里抽出来，扔掉。总之，我烦透了。请问，淘气是优点还是缺点，我该如何应对？

答：首先，淘气是宝宝聪明健康的标志，有积极的意义，这说明他有活动能量，精力旺盛，也说明他心性活跃，心态宽松，有探索求变的积极性。相反，一动也不动、十分乖巧、主动性不高的孩子，倒是值得担心。

但宝宝缺乏辨别是非的能力，也听不懂成年人讲的道理，此时家长要做的事是：

①检查一下居家布置，是否有会产生危险或损害的东西在他够得着的地方，家长要给他一个“可以”淘气的安全环境；

②宝宝淘气时往往会亢奋，所以应及时帮助他放松下来，比如用温水给他擦拭，或者讲一个他最喜欢听的故事，偶尔用他喜欢的电视节目安抚一下他的情绪；

③不要急于干预宝宝的淘气行为，只对那些会产生不良后果的行为予以制止，大多数淘气行为如果不是太过分，不妨“网开一面”；

④简单明了的指令比唠叨更有效，制止命令言简意赅，清晰明确，一旦发出切忌反复絮叨，并且说到做到；

⑤家庭一致性原则，不要一个红脸，一个白脸，处理孩子的淘气行为时切忌在他面前争执(事后可以沟通)，要形成“统一战线”；

⑥当宝宝停止了过分的淘气行为的时候要褒奖他，这种正面强化会产生好的作用。

以您所说的撕扯面巾纸为例，妈妈可以事后将纸巾收起来，以后继续使用，不要嫌麻烦，殊不知他在抽纸巾、丢纸巾时，也锻炼了手部精细动作，就只当给他买了他喜欢的玩具吧。

玩水是孩子的天性，他不知道把手洗干净意味着什么，正确的办法是改用小盆装水，让宝宝边玩边洗手。

如此，平时多进行正面的行为规范训练，让良好习惯内化，这样，破坏性的淘气行为将大大减少。

2. 当前电视机、电脑普及到家庭，我们如何面对这种冲击？幼儿究竟可不可以看电视，可不可以学电脑？

答：首先，不赞同绝对地远离电视，稍微看一点也是一种学习方式，但电视对婴幼儿带来的弊病不可忽视。我们反对的是不加限制地看电视，尤其是有些家长为了省事，把孩子交给电视机去“管理”。“电视依赖综合征”就是指长期沉溺于电视的孩子，缺乏主动参与性，缺少和他人的交流，思维受到限制，视力受到影响。

因此，3 岁以下的孩子，每天看电视时间总量不超过 20 分钟，周岁以下则应更少。

许多家长认为电脑可以开发婴幼儿的智力，因此让他过早地玩电脑，其实这是错误的。在孩子自控能力不强的年龄段，从身心健康的角度出发，还是不宜过早让他接触电脑。即使以后大了一些，也应时刻注意，并限制他玩电脑的时间，大量青少年网瘾的教训一定要吸取。

3. 我的女儿 9 个月了，平常我看杂志，她会抢我的杂志看，9 个月的孩子可以看书了吗?

答：阅读是人一生中最基本的素质要求，我认为阅读应从 0 岁开始，您的宝宝 9 个月了，当然可以看书了！

不过，这个时期的宝宝还无法看懂书中的内容，但这种想爱书、爱看书、对书产生兴趣的行为的确是一个良好的开端，我们认为对 3 岁以下宝宝的阅读训练，最好的办法是“母子共读”。

此外，可以为宝宝准备一些布书、纸板书、洗澡书、立体图片书等任何易于他抓住和玩弄的图书。现在有许多适合婴儿的绘本，故事简单有趣，画面清晰，造型美观，也适合您的孩子。父母千万不要扼杀这种难能可贵的良好兴趣。

4.我的宝宝从5个月开始，就对积木情有独钟，现在2岁了，仍乐此不疲。请问：玩积木有哪些好处，家长应该和宝宝一起玩吗？

答：玩积木对宝宝有以下几个好处。

①认识几何图形。宝宝在摆弄过程中，可以感知积木的不同形状、比例、大小、粗细、高矮、长短等。

②构建空间概念。宝宝可以想象每个积木在建筑物中的位置。

③建立科学思维。积木体现了很多力学原理，比如稳固性，而且搭积木前宝宝要先有一个计划，这对培养科学思维和规划能力大有好处。

④丰富语言表达。在合作游戏中，他会和同伴交流。

⑤激发创造力和想象力。他可以把生活经验迁移到积木搭建中，甚至脱离已有的设计，重新整合，这就是创造。

⑥锻炼手眼协调能力。

宝宝搭积木时父母当然应该参与进来，一方面可以加强亲子之间的情感联系，更重要的是父母可以从中指点（但不要包办代替），引导他发挥自己的想象力，鼓励他不怕挫败，当积木倒下来后继续努力。

5.我的女儿6个月大了，晚上睡眠质量不好，爱哭闹，有时会半夜醒来，怎么办？这会影响她的成长吗？还有，她总是要我抱着才能入睡，这对宝宝到底好不好？

答：睡眠不好可能会影响孩子的大脑发育，日后身高也会受到影响，所以这不可忽视。

能否试着先减掉一些白天的睡眠而确保夜间睡眠质量？

睡前喂奶充足是必要的，同时建议播放柔和、舒展的摇篮曲、小夜曲之类的古典音乐，每天如此，形成规律。乐曲的播放应在一段时间内固定几个曲目，这样效果更好。

不要摇晃着哄她睡觉，可以在她醒着的时候把她放下，跟她待在一起，让她有安全感。

当宝宝半夜哭醒时，不宜立即抱她起来，应先用手轻拍背部来安抚。

不赞成抱着入睡。西方家庭提出婴儿和母亲不同房睡眠，但我认为这个不适宜东方家庭，我提出“同房并床”而睡，即同在一个房间，但宝宝有独立的小床。家长要坚持不和婴儿睡同一张床，从一开始就这样。

6. 我的孩子 12 个月了，每次拿在手里的玩具不会超过 5 秒钟，总是很用力地往地上摔，弄得很响，请问有什么办法吗？

答：对这个阶段的孩子来说，摔东西往往是他游戏的一种，即我们说的“以动求变”（通过他某一种动作，产生变化，如发出响声），这也是探索行为。

家长可以采取一些应对方法，如每次看到他扔东西，就通过表情让他感觉到大人很生气，或者干脆不理他。如果宝宝确实有些情绪，建议采用肢体接触，轻轻拍拍他，并语调温和地加以安抚。

此外，家长也可以温和地帮他捡起东西，示范如何放好，并告诉他不可以这样。也许他听不懂您的话，但是通过表情，他也会慢慢了解规则，知道不可以这样做了。

避免指责和训斥，注意不要在句子前加上“你”，如“你把杯子摔坏了”，这样很容易让孩子情绪沮丧。多说“我们”，如“杯子掉了，我们需要一块抹布把地板清一清”“瓶子打碎了，我们需要一把扫帚”。

7.我看到很多书上说，对孩子一定要多表扬，那么，他犯了错误还表扬吗？

答：犯了错误不能表扬，相反，犯了错误要批评。但是，关键在于大人的态度及批评技巧。

比如说，当孩子挑战某一行为失败了，家长说：“你怎么那么笨呢？叫你别跳你硬要跳，活该。”这是批评吗？正确的态度是：“你做得很好，下次一定能成功，妈妈相信你。”

再比如说，孩子在超市磨磨蹭蹭不想回家，您说：“我走了，不要你了！”孩子当然不乐意了。如果您改变方式说：“我们赶紧回家，那样我们就有时间在一起玩搭积木的游戏了。”我想效果会更好。

当孩子将玩具撒了一地又不去收拾时，如果您说“你这样不收拾，将来你会一塌糊涂”，“你长大了以后只能扫垃圾去”，这就不是批评，而是嘲讽了。正确的方式应是：“来，收起玩具，让玩具回家，然后我们到院子里去玩。”

8.我的孩子今年2岁，由爷爷奶奶带着，我们夫妻工作太忙。最近听人说由祖辈带孩子有诸多弊端，我很疑惑，请问，由祖辈带孩子是否对孩子造成不利的后果？

答：您讲的这个问题很普遍，据我们调查，隔代育儿是当今社会常见的现象，目前北京市隔代育儿的比例高达70%，上海市达60%－65%，但两代人之间不同的养育观念又往往会发生碰撞。

首先，我们分析一下隔代育儿的优势。第一，他们有充足的时间；第二，他们有足够的耐心；第三，他们有养育一代的经验。所以我们不排斥隔代育儿这样的模式。

接下来我们分析隔代育儿的缺点。第一，由于年龄关系，祖辈在育儿时活动量很少，不利于儿童健康成长；第二，同样由于年龄关系，他们在接受新的育儿观念上，存在着相对保守的态度；第三，在溺爱这个问题上，经调查表明，祖辈对孙辈的溺爱程度大于父母对子女的溺爱。

综上所述，我们发现，隔代育儿的缺点都是可以通过努力克服的，关键在于沟通，在于父母用行动去弥补。

比如，老人总是生怕宝宝年龄小被冻坏，于是讲究"捂"。其实，少穿点反而可以增强抗冻能力，给他们讲这个道理，说服他们就可以了。

比如，老人往往容易无原则地迁就和溺爱。父母可以和家中老人一起去听育儿讲座，或看一些科学育儿的书，慢慢地，全家人就能统一认识了。

再比如，老人总觉得孩子太小，不愿带出门，但户外活动十分重要，父母可以在休息日补上这一课。

此外，还有教孩子自己吃饭、自己穿衣，老人往往采取包办方式，年轻的父母可以主动承担起孩子的自理能力的训练。

记住，尊重老人的意愿，同时又不失时机地表达自己的意见，增加与宝宝接触的时间和机会，我想隔代育儿是行得通的。

9.我的孩子3岁半了，有一个毛病一直困扰着我。他从不好好吃饭，一种情况是专挑他喜欢的吃，如肉和蛋，不吃蔬菜，不爱多吃粮食，另一种情况是喊他吃饭他经常不吃，要玩，等我们吃完饭，他跑过来喊着要吃饭。我该怎么办？

答:偏食不利于处于成长阶段的孩子的健康发育。偏食和厌食往往出现在过分关注孩子饮食和体重的家庭,以及家长和孩子关系过于依赖和亲密的家庭。我以为以下几条家长应做到:

①做饭尽量注意营养搭配、色香齐全,以增加食物的吸引力。把米、面变着花样做给孩子吃,比如把小馒头做成小动物样的。

②进食时家庭的气氛也很重要,愉快轻松的气氛可促进孩子的食欲,但如果大人之间谈论这个菜好吃、那个菜不好吃,也会影响孩子的食欲和选择,有的孩子的偏食就是大人偏食的延伸。

③吃饭时家长不必过多关注孩子,应提倡自然进食。例如不要不停地问孩子喜欢吃这个吗,或专门把好菜挑出来让孩子吃。

④孩子不按时吃饭,磨磨蹭蹭的,家长不要央求也不要许诺,不然孩子会将吃饭当成"武器"要挟大人。叫他吃饭他不吃就撤了饭菜,一定要坚持到第二餐再提供食物,饿一次没多大关系,下顿饭他自然会好好吃。饿一顿和改变不良习惯相比,我们宁可选择后者,这叫"两害相权取其轻"。

⑤有时孩子不想吃,有可能真的不饿,建议多带孩子参加游戏活动。运动可以促进消化,消化能力好才能有食欲。

10.我的女儿今年4岁4个月,她有时会说谎。比如上周一她把碗打碎了,却告诉我是猫打碎的。还有一次我从幼儿园接她回家,她说老师用尺子打她手心,打得很疼,但事后我到幼儿园了解,根本没有这回事。我很生气,但我不知道该怎样教育她。

答:说谎是您女儿这个年龄段常见的行为,我建议暂时不要从道德品质的角度去评价这种行为。这是与他们的心理发展水平和认识发展不够完善联系在一起的。

首先，家长不应当因孩子办了错事，说了错话而生气，要营造一个良好的民主的家庭气氛，不要让孩子养成一做错事就担心家长责骂的恐惧心理，培养她敢说真心话的心理品质。家长也要以身作则，例如，家长不喜欢接某人电话就随便说“去告诉他我不在家”，这实际上是在教唆孩子去说谎。

其次，不要让孩子认为只有说谎才能救自己，像您说的，明知碗是她打碎的，不是猫打碎的，您可以不急不躁地告诉她，“我知道碗是你打碎的，不要紧，以后跟我说出实情，妈就不怪你”。这样，不责怪、不惩罚，她当然心里就释然了。

再次，让孩子体会说真话的快感。每当孩子说了真话，家长爽朗的大笑及真诚的表扬，可使孩子真正体会到说了真话很痛快。还可以给他讲“狼来了”之类的故事，教育孩子说谎带来的严重后果。

最后，帮助孩子分清幻想和真实。心理学研究发现，这个年龄段的孩子最容易混淆幻想和现实，所以家长必须开始培养她学会分辨什么是假的，什么是真的。

11. 我的宝宝 1 岁了，我怎么样让他和同龄宝宝一起玩呢？

答：宝宝 1 岁以后，就有一种十分渴望与朋友一起玩的情绪，虽然这时的宝宝还不善于与同龄伙伴进行合作游戏，但可以进行平行游戏。您仔细观察会发现，他特别喜欢旁边有伙伴，平行游戏时，他们会相互观察，会模仿同伴的玩法，如看到对方敲积木，他也会学着敲积木，对方对他笑，他也对对方笑。别小看这些细节，这就是最初的交流。所以我建议您经常让您的宝宝和同龄宝宝交流，彼此问个好，握一下手，甚至交换一些玩具，说一声“再见”，这就是宝宝的首次“外交活动”，这样，宝宝最初的人际交往开始了！须知，1 岁的孩子都有与同伴交往的内在需求，关键是家长如何引导和鼓励。

12. 我的女儿22个月了，以前和别的小朋友一起玩的时候，还能够和别人分享玩具，我以为“自私”这个问题解决了，谁知最近她反而不愿意分享了，甚至不让小朋友碰她的玩具了，怎么退步了呢？

答：这不是退步，说穿了，是她“懂事了”。2岁左右的孩子，正处于自我意识萌发的时期，她懂得要保护属于自己的东西了，又由于她目前是自我中心意识，尚不懂得他人原则，未建立物品权属概念，所以就表现出了您所认为的“退步”。

我建议不要逼您的女儿一定要分享，因为这样又导致另一方面的问题，她会不尊重他人的物权，表现出抢夺他人玩具的行为。另外，此时强迫她去分享，可能导致她更害怕分享，变成真正的自私了。

不妨先从大人自己做起，跟宝宝分享您自己的东西，让她感受到接受分享的快乐。还可以陪宝宝一道玩游戏，目的是通过游戏逐渐让宝宝意识到东西还是属于自己的，不会因为共同享用而失去什么，要不了多久，她会慢慢喜欢上与人分享了。

13. 我女儿16个月，从出生到现在基本上都是我和老公带，但是太缠我，有时连吃饭、洗脸都不让她爸爸弄，我离开几分钟就要来找我，缠得我筋疲力尽，请问有什么办法解决？

答：婴幼儿和其主要看护者（大多为母亲）会形成一种长期而亲密的关系，即依恋关系。

首先，我们应该肯定这种依恋关系是孩子的内在需求，并有助于他们的生理及心理发展，并使他们得到安全感。特别是当孩子受到惊吓、感到委屈或需要关心时，主要看护者成了他们最好的“庇护所”。没有依恋情结的儿童反而是“问题儿童”，比如孤独症患儿。

但是，还有一种依恋即不安全的依恋、过度依恋，这种依恋会导致心理脆弱，弄不好会出现心理障碍，即“分离性焦虑障碍”。显然，您的女儿有些倾向于后者。

我给您支五招。

第一招：建议设立“儿童间”或“儿童角”，即她自己的“领地”，把属于她的玩具、图画书，甚至小桌子、小椅子都集中到她的“领地”来，让她有一个独立空间。

第二招：经常和她玩“躲猫猫”的游戏，这种游戏可以让她逐渐习惯与母亲的短暂分离。

第三招：让孩子陪您做家务，您做家务时，不妨让她坐在地板上，给她一块抹布，几个塑料盘、碗，她有点事做就不那么黏人了。

第四招：多带她出去走走，扩大她的视野，同时，把她的注意力转移到复杂纷纭的大千世界上去。

第五招：在您准备要做一些重要事情之前，全身心投入地和孩子一对一玩上半个小时，最后留一点“任务”叫她完成，她就不会老缠着您，让您做不了事了。

另外，增加其他家庭成员与她相处的时间也是必要的。

14. 我听说孩子4—6个月就要添加辅食了，可我的孩子7个多月了，他一直不太爱吃辅食，不知有什么办法改变，再说，晚一点不可以吗？

答：不可以。世界卫生组织提出4个月的婴儿要开始添加辅食，是有科学根据的，无论是母乳还是配方奶，其所提供的营养到这时都不能够完全满足宝宝生长发育的需要了。

同时，家长不要以为这仅仅是营养问题。

世界卫生组织曾公开发表一篇报道，说的是巴西一家农场有一个三口之家，父亲外出到种植园务工，母亲在家里操持家务。当母亲出门在周围晾晒衣服时，她会每隔十分钟向屋里叫一声女儿的名字，因为2岁半的女儿在家里玩，她不放心。当母亲有一次叫女儿时，屋里没有应答，她冲进屋里看到一幕惊险的场景，女儿紧紧咬住一条毒蛇的颈部，毒蛇被咬死了，女儿得救了。

世界卫生组织说：倘若这个孩子只有防卫的意识，没有防卫的本领，其结果将会是相反的。据了解，当地的孩子很小就开始咀嚼生玉米粒，咀嚼功能就通过进食而获得，因为咀嚼的动作需要舌头、口腔、面颊肌肉和牙齿彼此协调配合才能完成。因此，家长在充分顾及营养平衡的同时，还需要根据婴儿的不同月龄，考虑到婴儿食物的硬度、柔韧性和松脆性，为婴儿的口腔肌肉提供各种不同的刺激和练习，使其得到充分发育。

宝宝不习惯辅食，妈妈还是要坚持每天喂，6—12个月的宝宝，每天应有两顿辅食，不能以奶替代。周岁到周岁半，要求将辅食逐渐变为主食。

另外，每次吃饭的时候，妈妈一定要示范咀嚼的动作给宝宝看，让他可以学习模仿。添加辅食应遵循以下顺序：先稀后干，先细后粗，先单项后多样。当用菜粥时，菜要做得碎一些、短一些，还可以为宝宝准备一些小零食，如手指饼干棒或者磨牙棒等让宝宝握在手里吃。

15. 我的先生是个白领，早出晚归，我常向他说孩子的教育离不开父亲，他却常常找借口。为此，我该怎样说服他，说明父亲在早期教育中的作用?

答:我们常说母亲在孩子人生初始阶段的作用是无与伦比的,但并不是说父亲就不重要了。著名心理学家格尔迪说:“父亲的出现是一种独特的存在,对培养孩子有一种特别的力量。”

这种独特的力量突出体现在以下四个方面:逻辑思维能力的培养、身体运动智能的培养、意志力和坚持性格的培养以及创造性意识的培养。

研究表明,孩子智能发展的高低与父亲和他接触的密切程度息息相关。心理学家爱麦克·闵尼指出:一天中与父亲接触不少于2小时的孩子,和那些一周以内与父亲接触不到6个小时的孩子比,他们的智商更高。更有趣的是,研究人员还发现,父亲对女孩的影响力更大于对男孩的影响力,与父亲密切相处的女孩数学成绩更佳。

美国的一项调查显示,即使是尚处于朦胧状态的婴儿,他也会因为缺乏父爱而出现诸如焦躁不安、夜哭不眠、食欲减退、抑郁易怒等所谓“父爱缺乏综合征”的典型症状。

美国某基金会执行主任、婚姻问题专家道格拉斯根据这项调查提出:缺乏父爱的孩子年龄越小罹患综合征的危险越大,男孩患综合征的概率比同龄女孩大1—3倍!而在双亲均在但缺乏父爱的家庭中长大的孩子患“父爱缺乏综合征”的可能性则更大。他提出小时候患综合征的孩子,长大以后成为穷人的可能性要比一般孩子高5倍,中学辍学率高2倍,成年后犯罪率高2倍,如果是女孩,长大后成为单身母亲的可能性也要高出3倍。

随着宝宝年龄的增长,他已不满足于以往仅仅和母亲交往的方式和圈子,这时,重要的游戏伙伴应该是父亲。另外,父亲在和孩子的游戏中，更多以平等、平行的方式交往，这会给孩子提供更多的学习机会。

户外活动是父亲的强项，我们建议父亲不妨多和孩子进行跑、跳、爬、攀等活动性游戏。此外，应多与孩子进行猜谜语、讲故事、走迷宫、搭积木等启智性游戏。还有，讲输赢的竞争性活动最好由父亲引导。

父亲要兑现承诺，不要反悔，要有耐心，须知“父亲是座山”，您是孩子的楷模呀。最后，希望您的孩子产生一种概念：我不懂的事情都可以从父亲那里找到答案。

16. 我的儿子从小活泼好动，跳、跑、翻、滚，动个不停。现在在幼儿园中班，老师屡次反映他上课爱做小动作，我越看越觉得儿子患了多动症，便心急火燎跑去给他买了治疗儿童多动症的特效药给他服用，结果效果不好，还导致孩子食欲下降。请问，我怎么办？

答：儿童多动症的医学术语叫“注意缺陷障碍[伴多动]”，其核心症状是注意力不能集中和动作的盲目性，从您口述的情况来看，应是“好动”而不是“多动症”。

以下几点可以作为判断孩子究竟是“好动”还是“多动”的参考。

①3—4 岁以前的儿童常有翻箱倒柜、拆坏玩具、不怕危险等行为特点，很像多动症症状，但只要随着年龄的增长这种现象逐渐减少了，应视为正常好动。

②在户外、运动场上或与同伴一起时，活蹦乱跳，生龙活虎，但在课堂上尚能有一定的注意力，不捣乱，不做影响他人的行为，应排除多动症。

③多动症患儿的行为是难以理解、令人生厌的。他们无法控制

自己，破坏性大，且不分课内课外，对所产生的后果无所顾忌。有一个小患儿在治愈后讲，以前他在上课时不搞小动作心里就急，有头痛感，会不由自主地将手伸到同学身上。

更何况，对多动症患儿主要以行为疗法为主，您擅自去买所谓的特效药显然是不妥的，甚至是有害的。

17. 我的女儿4岁，有一天她看中了邻居弟弟的玩具枪，可小弟弟不给，两人撕扯起来，她爸爸赶来解围，可她不依不饶，竟在那里号啕大哭起来，情绪十分抵触和愤怒，对于这种不良情绪，我该怎么办？

答：孩子控制自己情绪的能力很弱，有的孩子怒火发起来，除了哭闹，他们还会撕咬衣服、乱摔东西，甚至咬人。

当孩子大发脾气时，不宜及时批评。您可以抱住她，轻轻地安抚，直到她平静下来，再找机会和她讨论这件事。因为孩子还没有形成独立的人格，父母的爱是她的精神支柱。如果仔细观察您会发现，此时呵斥孩子，她会在生活细节上常出现“退回”的表现，即很多行为她会退缩，退回到更幼稚的上一个阶段，所以，此时的关爱和照顾，实际上是消除她心理上的不平静。

我们分析一下，三四岁的孩子由于语言表达能力还不强，在着急的时候，往往不知如何自如地运用语言来表达自己的想法和需求，因此，只能用动作和情绪来表达。

但是，家长不要认为孩子这样做是在挑战家长的权威，这对三四岁的孩子来说不公平，只有当她的心智发展到一定程度，她才可能发展出道德感，才能表现出对成人的顺从。

所以，应冷静地处理这种哭闹，但事后仍然要严肃指出她的哭闹是错误的，并且告诉她，别人的东西只有在得到同意的前提下才能拿来玩，同时还应鼓励她与别人分享自己喜欢的玩具。

18. 我有一个3岁10个月的男孩，最近一段时间不知从哪儿学来的脏话。刚开始突然从嘴里蹦出来，我还不太在意，接着几天连续出现几次骂人的话语，这使我手足无措了，对这样子的孩子该如何教育呢？

答：在听到孩子说脏话时，父母的态度最好是平静自然，该干嘛还是去干嘛。为什么呢？因为这时的儿童还不可能真正理解某些脏话中所影射到的性或暴力的内容，他多半是听到某些大人说过，或发现这些话能激怒对方，觉得好玩，就跟着说了。家长的惊骇和愤怒正好强化了脏话的效果，忽略它则是为了淡化它。

但是如果孩子较多地说脏话，那么大人就要出面了，应严肃地说："我不喜欢那个字，你不要再用它"，"那句话很难听，爸爸妈妈、幼儿园的老师都不说的，那是电影里的坏蛋说的话"。

当孩子没有改正迹象时，建议采用惩罚的手段，但肯定不能用打骂的方式。

最有效的方式是取消他的某些权力，比如不让看电视，您可以告诉他："就因为你看了电视里坏蛋骂人，你也骂人了，所以不能再看了！"

可以取消带他去公园的约定，对他说："因为你说脏话，带你出去，爸爸妈妈觉得很难为情，所以不能带你出去了。"

当然，最主要的是，大人一定要以身作则，不要用脏话去污染孩子。

19. 我的儿子9个月了，他老喜欢把小手放到嘴里吮吸，他还把随手抓到的东西比如衣服角、玩具等往嘴里送，我很害怕他把什么东西塞进去产生危险，不知如何纠正。

答：这种行为可能要延续到1岁以后，大概1岁3个月。根据弗洛伊德的理论，这个时期宝宝的活动就是口腔活动，口腔是宝宝的快感中心，即“口欲期”。所以，这是一种心理需求，不用惊奇。相反，这个时期宝宝这种正常的心理需求没有得到满足，就会发生“滞留现象”，宝宝长大后就会保留“口腔性格”，如变得悲观、依赖、退缩、猜忌、苛求，甚至仇恨心理。另外，吃手还是宝宝动作发育的表现。

显然，压制宝宝的这种行为不是明智的做法，明智的做法应是尽可能为宝宝提供适合他咀嚼的、无毒安全的玩具，并确保他的活动范围内没有过于细小的、易碎的、非环保材质的物品，以避免发生误食误吞的危险。

当宝宝将玩具往嘴里塞时，父母不宜生硬地夺取玩具或严厉斥责，正确的做法应是温和地拿走正在吃的玩具，并以平静的口吻告诉宝宝：“啊，这样不行，因为吃玩具会让你生病的。”

我们可以为宝宝准备一些棍状磨牙食品，如长状饼干作为替代物。

在宝宝的日常活动中，我们可以多与他进行亲子对话，多安排些户外活动，多创设一些有趣的游戏，这样可以转移宝宝的注意力。

等宝宝长牙以后，可以逐渐训练他用水杯喝水，减少他对奶瓶的依赖，逐渐帮助他摆脱习惯性的吮吸动作。

20.我的儿子3岁了，他一边玩玩具，一边嘴里念念有词：“我这里有一杆枪，‘呯’，你倒下了。这是我的地盘，你不能进来，我有好多好多的兵，我们出发了。”可他身边没有别人呀，他在跟谁说呀，该不会有毛病吧？

答：没毛病，自言自语正是两三岁宝宝在玩耍时的一个特点。

成年人一般不会随便把自己心中所想随口说出，尤其是在没有旁人的情况下。但孩子的思维发展尚处于初级阶段，他往往需要借由外部语言向内部语言转化，这实际上可以说是宝宝思维的有声表现。直到6—7岁，大多数宝宝才能真正完成这种转化，但仍可以发现，6—7岁的儿童在思考发生困难时，偶尔也出现自言自语的现象。

其实，喜欢自言自语的孩子恰恰是爱动脑的孩子。家长可以从中发现宝宝的思考方向，为进一步引导宝宝的思维发展作准备。

所以，父母可以聆听孩子的"有声思维"，帮助他加快思维向内部语言发展的过程。

21.什么是感觉统合，感觉统合失调的原因有哪些？

答：简单地说，就是人通过相应的感觉器官从外界获取信息，并将这些信息传给司令部——大脑，大脑对这些信息进行解释、分析、组合等加工处理，然后指挥人做出适当的反应完成各项活动。这种输入—分析加工—反馈的过程，就是感觉统合，感觉统合学习在婴幼儿时期几乎已经打下了80%的基础。

那么，如果大脑对感觉信息的综合发生问题，也就是"指挥失灵"，身体就不能有效运作，就像交警指挥交通时出现错误就会"塞车"一样。这就叫"感觉统合失调"，主要有平衡觉统合失调、触觉统合失调、本体感统合失调、视觉和听觉统合失调五大方面。

儿童感统失调的原因很复杂，主要有以下几个方面。

①在胎儿期(其实胎儿期时,宝宝的各种感觉系统就连接完成),母亲如果吃药、吸烟、饮酒、情绪变化异常,就会引起宝宝各种感觉变化,并随之做出不同反应。

②生产期,宝宝出生的时候受到产道强大挤压,这种挤压对头颅骨骼、肌肉、脑神经,尤其是对大脑皮层神经会产生刺激。而剖宫产缺少这一应有的刺激,所以,剖宫产的孩子患感统失调的比例高些。

③人工喂养比母乳喂养的孩子患感统失调的比例高些。

④过度呵护,也就是“过保护”,“爬、走、跑、跳”没有充分发展,这样的孩子易患感统失调。

⑤生活空间小、缺少户外活动和接触大自然的机会、缺少伙伴关系和群体活动的孩子,易患感统失调。

22.感统训练应怎样进行?

答:要发挥感统训练的作用,提高感觉统合能力,必须遵循婴幼儿生理及心理发展的规律。

首先,要让孩子自由自在地玩。感统训练一定是尽力让他自由地玩,但这个“玩”应在有计划的指导下进行。比如,家长可以将两三种训练用的玩具放在孩子可以拿到的地方,然后告诉他可以拿一种和爸爸妈妈一起玩,由他决定玩什么和怎么玩。

其次,感统训练重点是培养孩子的兴趣。孩子对未曾有过的感觉有非常强的探索欲望,这是人类最重要的学习动力,应予以珍惜并有系统地促进。

还有,一定要让孩子感到快乐。感统训练游戏最容易失败的一环是孩子拒绝参与,如果活动能在快乐的气氛中进行,便能协助孩子感觉运动的自我健全发展。

最后，感统训练的内容因人而异，每天都应有多样的感觉刺激。

这里举一个简单的例子，通过多样的翻转活动可以刺激孩子的不同感觉器官，促进各个感官的发展：父母用手推婴儿的身体使之翻转，刺激孩子的前庭感觉；用毛巾裹着婴儿的身体，再拉动毛巾的一端使孩子翻转，既刺激了孩子的前庭感觉，又刺激了他的触觉；父母用毯子将婴儿抬高，让孩子的身体翻转，不但刺激了前庭感觉和触觉，而且使孩子对重力有更多的体验。

23.我是个单身母亲，5岁多的儿子由我抚养。我没料到的是，离婚后前夫竟对孩子不闻不问了，爸爸的缺席对孩子的影响将越来越大，一方面我希望前夫继续承担爸爸的责任，另一方面我又担心第三者拉拢孩子而动摇我在儿子心目中的地位，我该怎么办？（因为有第三者出现我们才离婚的。）

答：我注意到许多杰出人物都是单身母亲培养出来的，如孟子、欧阳修、胡适、老舍、歌德、莫扎特、马丁·路德·金、贝多芬、尼采等。一个宽厚、容忍的母亲可以教育出有气概、有上进心的孩子，母亲的态度对孩子的性格品质将起到重要作用，尤其是单身母亲，愿您做一个伟大的母亲吧！

那么，以下几点如果单身母亲做到了，将是孩子的幸福。

①不将夫妻的恩怨讲给孩子听，因为此时他无法全面理解大人之间的事。

②不要不理智地诉说前夫的种种不是，这不是在惩罚对方，这是在惩罚孩子。如果前夫能够保持与孩子的联系，则应提供方便，让孩子感到他不是没有爸爸，只是爸爸妈妈不在一起生活罢了。

③应主动要求或强烈要求前夫替孩子着想，常常与孩子一起玩，而不是不闻不问，可以动用社会和亲友的力量促成此事。

④母亲坚强自立的品质无疑会对孩子产生潜移默化的积极影响，无论生活如何艰难，为了孩子的健康成长，一定要竖立良好的母亲形象。

⑤孩子难免在社会上受到一些有意无意的伤害，要教育孩子不能小看自己，您告诉孩子“和别人的孩子没有什么不同，虽然我和爸爸分开了，但我们都仍然爱你，你什么都不缺”。

二、答疑篇（下）

24.我的儿子快5岁了，他有个癖好。只要我在做家务，他就凑上去“帮忙”，不过往往帮“倒忙”，弄得满地到处是吃剩的食物，有时还把碗摔坏，叫他不要做吧，他偏不干，我不知这件事好不好？

答：这事当然值得庆幸了。我的观点是，宁可容忍他把事情做砸了，也比他不爱做要好得多。早期教育不仅要让孩子聪明，更重要的是学会做人。而“做人”，就要努力学会“做事”。

以下几个观点，就是有些家长提出的“不让劳动”的理由：

①认为孩子只要聪明，比什么都强了；

②孩子还太小，长大以后再锻炼他的自理能力；

③我们从小受那么多磨难，绝不让孩子再吃苦受累；

④今后科技发达，孩子不会动手劳动，问题不大。

这四条理由，没有一条是站得住脚的。

苏联著名的儿童教育家苏霍姆林斯基在《给教师的建议》一书

中指出:"体力劳动对于小孩来说,不仅是获得一定的技能和技巧,也不仅是进行道德教育,而且还是一个广阔无垠的、惊人的、丰富的思想世界。这个世界激发着儿童的道德的、智力的、审美的情感,如果没有这些情感,那么认识世界(包括学习)就是不可能的。"

这是迄今为止对儿童参加劳动这件事的最高的,也是最完美的评价!

我十分热情地赞美您的孩子,我希望您的儿子能把这种难能可贵的品质发扬光大。

到了5岁,他要做的事很多,比如:把各种食物盛入碗中,擦洗水池、浴盆,擦干净镜子和窗子(注意安全),接电话,并能自己拨电话,倒垃圾,大人买菜时,帮助拿点东西,整理自己的床铺,收拾房间,将玩具放到指定的地点,和大人一起洗蔬菜、水果,等等。

孩子干自我服务性劳动是他的本分,帮助父母做他力所能及的事是应尽的义务,干好就表扬,干砸了没关系,日积月累,您会发现您儿子的身体与精神将十分健康。

25.我的儿子现在9个月了,有一件事一直困扰着我。他和其他同年龄孩子相比,似乎更加安静,不那么哭闹,活动量也不如同龄孩子,但是我呼唤他时,他仍有明显反应,会把头偏向我这边。我有一种担忧,他会不会是孤独症患儿?特此请教。

答:仅从您口述的这些情况,我无法断定他是否罹患孤独症,作这种界定,仍需专门的医疗部门。但为了让您有一个比较全面的了解,我可以介绍在八九个月这个月龄段,患孤独症婴儿的症状给您参考。须知,在婴儿期表现出的孤独症症状,发现越早越对他有利。

请注意以下表述:

母亲哺乳婴儿时，他们很难把头转向母亲，也不会在母亲怀里找乳头，而且不喜欢依偎在母亲怀中。他们甚至很少注视母亲的面孔，不情愿得到母亲抚慰，对母亲的呼唤及逗引很少有愉快的表情（我注意到您说过呼唤他时他有明显反应，这就基本上排除孤独症的可能）。

还有，他们睡眠的时间明显少于正常婴儿，而且睡觉中好哭闹。

他们不能辨别熟悉人和陌生人的面孔。他们的确过于安静，即使是尿布湿了或口渴了、饿了，也很少见他们哭闹。他们反应迟钝，也难形成追视反应，即使您用鲜艳色彩的带铃声的玩具去逗引他，他也不会因为好奇心去追随，反而表现出漠不关心、毫无兴趣。

到了9—10个月，他不会爬行，手部动作也很笨拙，不会将一个物件从左手换到右手。有些孩子已经长了牙齿，却拒绝添加辅食，仍以奶为食。

家里人带其外出，看到同龄伙伴，都不见他有高兴的表情，对美丽的风景和热闹的街市也无动于衷。

到了周岁以后，如果一旦学会走路，他会随心所欲地到处乱走，从不理会大人的呼唤和警告，在别人逗引他或给他玩具和食物时，他甚至看都不看一眼。

孤独症患者人数极少，且大多数为男性儿童。我再重申一点，如果要作诊断，一定要到专门的医疗机构，不要对某些相对安静的孩子乱扣帽子，因为每一个孩子的气质有差异。

26. 我的孩子现在是1个月，我想买个学步车让他走路，但有人说学步车不好。请问，学步车可以让孩子学会走路吗？

答：宝宝运动能力发展起来后，到了11个月，学会了扶栏站立，他就有想走路的冲动了。这时，把他放入学步车内，让宝宝可以朝自己想去的地方去，或者可以在车内单独同安装在车上的玩具玩一阵子，从这个角度来说，我们可以使用一下学步车。但孩子学会走路，一定不是学步车的功劳！

所以我仍然不太赞成一定要使用学步车，尤其是让他长期待在学步车内不管他，这可是我们要禁止的事。

首先，学步车把宝宝固定在一个狭小的天地，使他失去学习其他各种动作的机会，而且学步车是不能训练独自站立这一动作的，这样，学会走路反而会迟一些。

其次，由于学步车的限制，宝宝缺乏同自己周围种种事物的联系，他只会自己一会儿向左冲，一会儿向右冲，没有人接近他。如果家长因为忙于自己的事务，也不与宝宝说话，不牵着宝宝的手练习走路，宝宝的学习感觉、思维和语言发展会受到制约。

最后，还有一个安全问题。父母可能以为孩子待在车内，不会发生什么意外，就各自忙于自己的事务了，而宝宝在学步车内到处猛冲，可能被门沿、地毯之类的东西绊倒造成翻车，或碰到墙边、桌角，导致受伤。

可见，我们不愿提倡学步车是有道理的，最好的办法还是让宝宝在父母的帮助下训练走路，与学步车相比也更实惠一些。

27. 我的儿子1岁半，特别喜欢吃街上各种膨化食品，如爆米花、炸薯条、膨化饼干等，每次都为此事吵闹。我想问，孩子能吃这些东西吗？

答：因为膨化食品有香、酥、脆、甜的特点，很受小孩的欢迎，但很遗憾，它们不适宜于婴幼儿。

比如做爆米花时，爆米机的铁罐被烧得很热，而铁罐内的铅合金在加热的过程中便以气化的形态进入爆开的玉米中。经测定,膨化食品中含铅量高达每千克 20 毫克,超过食品卫生标准规定的 40 倍!

然而人的年龄越小,胃肠道对铅的吸收率越高。血铅高时,全身组织器官都会受到影响,尤其是神经系统、消化系统、循环系统和造血系统受损更加严重,可能表现为精神呆滞、厌食、呕吐、贫血、腹泻、中毒性肝炎等。所以,尽管膨化食品中纤维素含量高,但与上述铅的危害相比,还是少吃或干脆不吃为宜。

28. 我的女儿 2 岁了,最近平添了一个毛病。在她入睡时,我发现她常将下肢内收,交互摩擦,而且脸颊泛红、出汗,有时持续几分钟,这让我感到不安,她怎么了?

答:这种习惯性擦腿动作,也称习惯性阴部摩擦,男孩也有。

其实,1 岁多的孩子,如果触碰他(她)的外生殖器,会产生某种快感,男孩甚至会主动玩弄生殖器。

看到这种行为,不要大惊小怪,要设法转移宝宝的注意力,而不是斥责。当然此时更不能讲什么道理,不要因此而加强宝宝对此事的注意。

但也有一种情况,如湿疹、包头尖、蛲虫等引起阴部发痒,导致宝宝通过摩擦消除瘙痒,最后形成习惯性动作。

家长有几件事可以做:

①清洗外阴,尤其是女童。在发现宝宝的外阴部有红肿、瘙痒,分泌物增多时,应及时为宝宝清洗,清洗时应使用专门的小盆和毛巾,不能混搭使用,也不宜用棉花棍之类的工具,清洗液用温开水加稀释高锰酸钾最好。

②不给宝宝穿紧身内裤,以避免带来局部摩擦。

③不允许宝宝玩弄生殖器,但一定要讲究策略。

29.我的宝宝22个月了,目前大都是外公外婆带,他们说的是方言,不会说普通话,这会对宝宝学语言带来困难吗?

答:由方言和普通话掺杂的家庭语言环境,是目前一个较普遍的现象,实践证明,这对孩子学说话并没有带来明显的不良影响。

但前提是一定要上幼儿园。一旦上了幼儿园,开始了正规的普通话教学,宝宝很快便能形成以普通话为主导的语言系统,这是因为幼儿学语言,个个都是天才,他们可以在混沌的语言状态中,轻而易举地理清方向。但"过了这个村,就没有这个店了",到了6岁以后,情况就有所不同了。

美国有个著名的语言学家韦伯斯特(韦氏音标就是他创建的,还有《韦氏大词典》),他出生以后,他的爸爸开了一个家庭会,决定要在他身上做实验,爸爸只对他讲英语,妈妈只讲法语,爷爷只讲德语,保姆是北欧人,只讲丹麦语。小韦伯斯特从小在四种语言中生活,在4岁多的时候,这四种语言他都掌握了。

所以大人不必担心目前的状况,事实上,这样的语言环境还有助于宝宝对方言的掌握。当然,家长可以有意识地增加普通话的信息量,比如通过广播电视等手段。

30.我有个4岁5个月的女儿,她性格很开朗,到了晚上全家人一起吃晚饭时,她兴致很高,话也特别多。她爷爷就发话了:"我们家有家规,吃饭的时候,小孩不准说话!"弄得我女儿很不高兴,噘着嘴,饭也吃得不多,请问,小孩吃饭时不能说话吗?

答：不仅是您家，在我国大多数家庭中，吃饭时爱说话的孩子常常被“禁止”，甚至“训斥”。但在欧美国家，大多数家庭正是把饭桌作为家人交流的最好场所。以您的女儿为例，吃晚饭时，爸爸妈妈都在身边，家里的老人也来了，桌上又有她喜欢吃的东西，自然此刻是她最兴奋最快乐的时刻。孩子一兴奋，就自然而然地想说话。设想一下，当您的女儿在谈性正浓的时候，有人正色训斥“不许说话”，这会使她多么沮丧啊！

更何况，这样做会产生负面影响，例如压抑她的表达能力，甚至影响消化。

所以，善解人意的家长应该把餐厅当作启发孩子多多表达自己想法的场所，让孩子自由自在地把心里话说出来。这一点，也希望能做好老人的工作。

31. 我对早期教育十分热衷，读了不少这方面的书，还经常参加各种讲座，我认为自己对孩子的教育还是不错的。只是有一点我总困惑，孩子缺乏独立性，老是依赖我，他很少独自完成一件事，没有我的参与，他就会没有主见，这是什么原因造成的呢？

答：如果孩子在父母的庇护下生活，不承担自我服务性劳动，或者家长只注重他的智能开发，却在生活上培养出“衣来伸手，饭来张口”的习惯。那么，这种剥夺独立性的教育就是失败的教育。

您看，孩子一生下来，就在母亲的怀抱里长大；到了能蹦蹦跳跳的时候，上公园还要骑在爸爸的脖子上；等上了小学，尽管只有两条街，往返还得父母接送。让我最有感触的是，我家对门是一所小学，每到放学的时候，门前就拥堵得水泄不通，不得不请警察来维护交通秩序。这样下去，孩子生理上“断奶”了，心理上却从未“断奶”，永

远长不大。

在美国，婴儿一出世就单独睡眠。孩子会捧奶瓶了，母亲就让他自己捧奶瓶吃奶。孩子学步全靠自己，摔倒了，大人不去搀扶，让他自己爬起来。稍大一些，分配他做一些家务，这就是东西方教育的差异。

所以，家庭教育的重要课题是对孩子独立性的培养，锻炼他的独立性是为了长大以后自立于社会之林。

您孩子的依赖性正是因为您可能注意到了教育孩子的诸多方面，唯独忽略了这一点，但却是很重要的一点。

32. 我的孩子在幼儿园中班，他老是被个别同学欺负。有一次他班上的一位个子较大的男孩无故推他一把，摔在地上，后脑勺起了个大包，我心里那个气啊，他都 4 岁了，怎么一点阳刚之气都没有，我该怎么办呢？

答：宝宝一天天长大，他与伙伴之间的交往越来越多，当然，发生冲突的机会也更多，其中像您的儿子一样比较软弱的孩子，可能就成了有些同伴的攻击对象。

当宝宝受人欺负时，如果父母用“你真没用”“你就不能狠一点”等语言来责备孩子，他会把父母的埋怨看作是对他的失望，于是他会情绪沮丧，甚至会变得更加胆小。

因此，父母应耐心地给宝宝提供释放心理压力的机会，同时一定要告诉孩子，欺负人是错误的，而他被人欺负根本不是他的错，要明白，父母是他坚强的后盾，不会置之不理的。

而且，我们不能教孩子以牙还牙，这样等于向他传递一个错误的信息：打人是正常的行为。那么，另一个头痛的问题就会随之出现：宝宝只要遇到不如意的事情就采取攻击性行为。

明智的家长还要了解他被欺负的经过和真相，然后和宝宝一起分析其中原因。

有没有宝宝的责任？对方是故意以强凌弱还是无意中伤害了宝宝？在搞清事实真相之后，再根据实际情况采取相应的措施。

如果是宝宝处理人际关系的技巧不足，就教他必备的人与人相处的技巧；如果是宝宝个性上太娇嫩、内向，就设法扩展人际关系，让他开朗活泼一些；如果是宝宝性情暴躁，喜欢欺负其他小朋友，那就要找出引起他不满的原因并设法消除这种不安的因素。

当宝宝确实受到比较严重的伤害时，先要让宝宝情绪安定下来，然后采取可行的补救措施。不依不饶地与对方父母较量不可取，这对孩子的影响也不好，有时候大人闹得不可开交，那边两个小朋友说不定又在一起玩得不可开交了。

其实教他一点技巧是可以的，比如下次再受到欺负，可以高声喊叫，老师的到来能阻止事态的扩大，也能让对手感到一种威慑的力量，并且还可以吸引其他小朋友的注意，使攻击性的宝宝因感到压力而住手。

再如，针对每个小群体中的“小霸王”，父母可以设置一些游戏，在游戏中训练宝宝敏捷的身手，为他灵活地避免“小霸王”的攻击作准备。比如，妈妈和宝宝追打着玩，假装打宝宝身体某个部位时，教他如何迅速躲避。

有一点要注意，宝宝和伙伴之间的一般性冲突，父母不必干涉，这是一种学习，让孩子们在冲突中学会如何调节自己的情绪。

记住：让宝宝在经历这些冲突的过程中增长智慧，这种特殊的心理体验未必一定是坏事，它会逐渐让宝宝成熟起来，学会正确处理自己面临的问题。

33.我的孩子离上小学的年纪还差5个月,我想让他先上学前班,不知这样安排好不好?

答:我不赞成上学前班,我们支持幼小衔接,但不能以上学前班的形式来衔接。

幼儿阶段的生理、心理特点决定了他们的生活学习以游戏为主,而学前班往往提早学习小学课本。到了小学,孩子似懂非懂,毫无新鲜感,就不愿再听,于是注意力不集中,做小动作,学习习惯不好,反而影响所有学习任务的完成。

我们必须认识到对学龄前儿童过早小学化的危害,其实还不只上面说的。有些家长以为在课堂上听讲、做作业,才叫学习,而玩时浪费时间,没有规矩,所以要求孩子坐在书桌旁看书写字。其实这样做反而影响了孩子的身体发育,使他的主动性、积极性、创造性无法发挥,活泼开朗的个性受到摧残。

建议宁可在幼儿园多留一年,不必上学前班,到了上小学,孩子很快就会适应新的环境。

34.我年轻时的理想是当作家,由于种种原因没有实现,我就把希望寄托在儿子身上,竭尽全力让儿子朝这个方向努力,结果我伤心地发现,他对绘画情有独钟。请问,我做错了吗?

答:您这叫过早定向,当然不可取。心理学研究表明,不同儿童的神经类型存在差别,他们的智力素质和各项优劣势也不同,而且往往在初始阶段隐而不露,大人未必可以看出端倪,随着身心不断发展,才逐渐显露出来。所以这个"向",不能早定。

当然,家长首先可以通过为孩子提供一些机会"刺探"一下,主要看他有没有对这方面的兴趣。其次看他的才能优势和素质优势，然后再作打算。根据孩子的实际情况，有的放矢地培养一下，这是可以的。所以我提出十六字方针："全面发展，充分发展，多方培养，因材施教。"

其中全面发展不一定是平均发展，可以有意识地在他某些强项中加大力度，这就叫充分发展。先多方培养，然后根据孩子的实际状况，因材施教。

35.现在食品安全卫生问题十分严峻，请问，婴幼儿阶段，哪些食品不利于孩子成长，尤其是影响智力的发展。

答：这个问题提得很好，如果期望我们的下一代聪明健康，除了注重早期教育，一定要防止入口的东西影响到孩子的发育。

下面列举一些家长不得不注意的食品。

①可乐型碳酸饮料。

含有咖啡因，少量饮用问题不大，但长期饮用对儿童的记忆会产生干扰，还可能诱发多动症。

②爆米花及其他膨化食品。

含铅量高，铅进入人体后会影响人脑细胞和神经系统，甚至产生中毒现象。

③罐头食品。

由于添加了防腐剂、色素、调味剂等，罐头食品会对处于大脑发育期的婴幼儿产生负面影响，如长期食用会造成积蓄中毒。

④泡泡糖。

含有增塑剂，增塑剂有微毒，它的代谢产物叫苯酚，也对人体有害。

⑤糖精。

糖精是从煤焦油中提炼出来的无机化学产品，含有不少糖精钠、氨化合物、砷和邻甲苯磺酰胺等，儿童多食会引起心力衰竭、末梢神经炎症和大脑受损等一系列有害症状。

⑥含人工色素的糕点。

人工色素可作用于人的神经系统中的神经介质，影响到神经系统的传递速度，致使孩子反应迟钝，注意力分散。

⑦烟、酒。

这一项无须作任何说明了。